Bittersüßes Menscheinander
Hans – Georg Wigge

Humorvolle und besinnliche Gedichte eines
Dorfpoeten aus den letzten 20 Jahren

Titelbild: Arno Backhaus
www.arnobackhaus.de
Copyright 2017 by Hans – Georg Wigge
ISBN: 9783848224364
Herstellung und Verlag: BoD - Books on Demand, Norderstedt

Vorreim

Gibt es nicht Bücher schon genug,
erbaulich, lehrreich, spannend, klug?
Ist denn nicht alles schon geschrieben,
vom Hassen, Töten, Lachen, Lieben?
Muss man denn noch mehr Bücher lesen,
wo steht, was kommt, ist, war gewesen?
Doch keine Angst, das Buch ist bloß,
ein klitzekleiner Denkanstoß.
Humorvoll, manchmal auch sarkastisch,
tiefsinnig oder auch fantastisch,
gereimt im Kreuzreim, wie einst Roth,
der Dichterkönig, lange tot.
Begleitest du mich gern ein Stück,
ist das für mich Autorenglück.
Sagst du: „Das mag ich, was da steht",
freut sich ein kleiner Dorfpoet.
Für alle, die Gedichte lieben,
sind diese Zeilen hier geschrieben.
Ich schau zum wiederholten Male,
dem Leben unter seine Schale
und hoffe, dort hab´ ich entdeckt,
was auch den Lesern köstlich schmeckt.

Litfaßsäulenblues

Ein Mensch wankt torkelnd durch die Stille,
in seinem Blut sind drei Promille.
Er nutzt beim Gehen in die Weite,
auch noch die ganze Straßenbreite.

Der sonst so zahme Zebrastreifen,
der windet sich in großen Schleifen.
Das Ampelmännchen, dieses Luder,
tritt heute doppelt auf, mit Bruder.

Der Mensch, der fühlt sich gar nicht wohl
und schwört: nie wieder Alkohol.
Das letzte Glas war wohl zu viel,
dann tappt er in ein Endlosspiel.

Er kreist, wie um die Maus die Eule,
zwei Stunden um die Litfaßsäule,
dann haut der Alkohol ihn um,
da liegt er nun und leidet stumm.

„Sind sie verletzt"? fragt ein Passant.
Der Mensch winkt ab mit müder Hand.
„Ich bin verloren" und bedauert,
„ich bin lebendig eingemauert"!

Echte Menschen

Ein echter Mensch, der hilft in Not,
beschützt den Schwachen, dem man droht.
Er reicht die Hände, schützt das Kind,
weil echte Menschen Helden sind.

Ein echter Mensch tritt nicht die Kleinen,
die sowieso schon hilflos weinen.
Ein echter Mensch, der bildet Ketten,
um Menschen aus Gefahr zu retten.

Ein echter Mensch nutzt seine Stärke,
zur Unterstützung guter Werke.
Ein echter Mensch schaut nicht aufs Land,
er reicht dem Fremden gern die Hand.

Ein echter Mensch kann selber denken
und lässt sich nicht von Hetzern lenken.
Ein echter Mensch, der freut sich nicht,
wenn man die Menschenwürde bricht.

Ein echter Mensch hilft ohne Klagen,
den Nächsten, die nach Hilfe fragen.
Ein echter Mensch wird kein Faschist,
nur weil er hier geboren ist.

Ein echter Mensch macht keinen klein,
um selber leidlich groß zu sein.
Ein echter Mensch droht Gästen nicht
und zieht sich hoch am Angstgesicht.

Ein echter Mensch legt keinen Brand,
zu lynchen einen Asylant.
Ein echter Mensch will die in Nöten,
niemals verjagen oder töten.

Ein echter Mensch folgt nicht Gestalten,
die sich für Herrenmenschen halten.
Ein echter Mensch, der ist ein Trumpf,
schreit nicht Parolen, braun und dumpf.

Dreh um und lass dich nicht verführen,
von Hetzern feige hinter Türen,
Ein echter Mensch nutzt Kraft für Gutes,
ein echter Mensch steht auf und tut es.

Inquisition

„Du liebst mich nicht", sagt sie zum Mann.
Der schaut sie überrumpelt an.
„Natürlich liebe ich dich Schatz",
verhindert er vorerst Rabatz.

„Beweis es mir", erwidert sie,
„denn sagen tust du das ja nie".
Der Mann verhält sich vorerst stumm.
Da fordert sie: „Nun sag, warum"?

Er überlegt, was ihn nun rette
und raunt: „Muss nur kurz zur Toilette".
Er ahnt bereits, was er auch sagt,
der Abend wird zum Drahtseilakt.

Weil du gut kochst an allen Tagen?
Das wagt er eher nicht zu sagen.
Das scheint ihm doch zu primitiv,
wie Esspapier als Liebesbrief.

Sagt er: Du bist schön anzusehen,
dann wird sie auf die Palme gehen
und ihm erwidern kurzerhand:
Ach, Schönheit geht wohl vor Verstand.

Behauptet er: Du bist so klug,
hält sie auch das nur für Betrug.
Er ahnt, dass sie zur Antwort gibt:
Einst hast mein Ausseh´n du geliebt.

Zu sagen, sie nur sei sein Glück,
kommt gleich als Bumerang zurück.
Bestimmt fühlt sie sich dann verachtet,
weil er auch Golf als Glück betrachtet.

Die innerlichen Werte loben
verleitet sie vielleicht zum Toben.
Wie? Äußerlich bin ich nicht schick,
fragt sie bestimmt mit bösem Blick.

Er wiegt die Worte hin und her,
die Auswahl fällt ihm furchtbar schwer.
Er muss auf schmalen Graten bleiben,
in keine Richtung übertreiben.

Du kochst gut und bist wirklich schlau,
dazu noch eine schöne Frau.
Mein Glück und so charakterstark,
ich liebe dich an jedem Tag.

Das hat er sich zurechtgelegt,
als er sich vom WC bewegt.
Im Flur übt er noch mal die Worte
der liebevollen, zarten Sorte.

Im Schlafgemach will er grad sagen:
Ich liebe dich an allen Tagen,
zu stillen Sturm im Ehehafen,
da sieht er, sie ist eingeschlafen.

Am nächsten Morgen fragt sie ihn:
„Wo führte das Gespräch uns hin,
als Müdigkeit mich übermannte
und früh mich in die Kissen sandte"?

Der Mann nutzt seine Chance indessen.
Er sagt: „Das habe ich vergessen.
So wichtig war es dann wohl nicht"
und macht ein Unschuldslammgesicht.

Pro Bahn

Das Warten nervt die Kinder sehr
und Abgas macht das Atmen schwer,
die Menschen braten in der Sonne,
noch ist es nichts mit Urlaubswonne.

Der Tank ist leer, die Kinder quengeln,
am Rastplatz mühevolles Drängeln,
Herr K. flucht heimlich, still und leise,
betrachtet er die Kraftstoffpreise.

Der Schlangenschwanz wird lang und länger,
die Stauschau unterbricht den Sänger,
ans Ziel gekommen, völlig steif,
kennt man den Ausdruck „Urlaubsreif."

Familie F., sitzt froh am Tisch,
genießt Getränke, kühl und frisch,
man fährt vergnügt mit ICE,
labt sich an Wasser, Cola, Tee.

Frau F. hat früh die Bahn besucht
und Sonderpreise vorgebucht,
die Kinder dürfen gratis mit,
man kommt ans Ziel, erholt und fit.

Die Teens, sind glücklich bis zum Rand,
mit ihrem Smartphone in der Hand,
denn WLAN gibt es frei dazu,
die Fahrt vergeht dadurch im Nu.

Am Urlaubsort, schon ganz entspannt,
liegt man längst leicht gebräunt am Strand,
als endlich auch die Nachbarn kommen,
vom Straßenstress arg mitgenommen.

Im nächsten Jahr, jetzt endlich klug,
nutzt auch Familie K. den Zug
und fühlt sich ganz zu Recht sehr schlau,
beim Blick durchs Fenster auf den Stau.

So fährt man sauber und bequem
die Anfahrt ist schon angenehm,
beschließt, wir fahren immer so,
macht sich und seine Umwelt froh.

TräumerEi

Ein Huhn des Biobauers Meier,
das legte wunderschöne Eier.
Es lebte froh auf grünem Gras,
doch irgendwie, da fehlte was.

Es ist wohl so, bei Groß und Klein,
man könnte doch zufrieden sein.
Doch Träume wecken manche Gier,
darum geht es auch heute hier.

Das Huhn, das wollte lieber brüten,
statt Eier für den Bauern hüten.
So hat es flugs ein Ei versteckt,
gehofft, dass niemand es entdeckt.

Als sich der Bauer dann entfernte,
mit einem Korb voll Eierernte,
da frönte es dem Gluckentrieb
und hatte jenes Ei nun lieb.

Es träumte, das dem Ei entschlüpfte,
ein Hähnchen, das vor Freude hüpfte
und ein potenter König war
von einer Riesenhennenschar.

Das Huhn, das wäre Königsmutter,
mit allerbestem Hühnerfutter.
Die Federn würden ihm gemacht
in einem Nest von purer Pracht.

Ihr Sohn gewänne viele Male
auf Hühnermessen Goldpokale.
Er wäre Star, nur er allein,
im Rassehühnerzuchtverein.

Doch plötzlich nahte Bauer Meier,
ihm fehlten noch so ein, zwei Eier.
Er stellte voller Freude fest,
da sitzt ein Huhn auf seinem Nest.

Ein Griff, der Bauer nahm die Beute,
was das erwachte Huhn nicht freute.
Der Traum vom Ruhm ging flugs vorbei,
er endete als Spiegelei.

Das Ei ist Sinnbild dieser Welt,
die viel verspricht, doch wenig hält.
Auch Menschen leiden manchmal Qualen,
zerbricht ein Wunsch wie Eierschalen.

Plötzliches Tiersterben

Ein Mensch, dem Unrecht man getan,
verfiel in tiefen Rachewahn
und quälte, vorerst in Gedanken,
den Initiator ohne Schranken.

Er saß im Wartezimmersessel,
es brodelte sein Zorneskessel.
Gleich würde er die Zähne zeigen
und seinem Chef die Meinung geigen.

Verzeihen würde er das nimmer,
so schwört er dort beim Vorstandszimmer
und lässt sein Denken grimmig kreisen
um schmerzhaft böse Tötungsweisen.

Er stellt sich vor, ein Oktopus
macht würgend mit dem Fiesling Schluss,
lässt Krokodile ihn erfassen,
die keine Reste übrig lassen.

Im Anschluss sieht er sich ihn stecken
in ein gefülltes Haifischbecken,
wo auch Piranhas darauf warten,
mit Haien das Buffet zu starten.

Er wünscht dem Chef ganz viele Läuse,
plus Anämie durch Fledermäuse
und virtuell lässt er ihn schmecken,
wie Ziegen Salz von Füßen lecken.

Die Vogelspinne soll ihn beißen,
ein Orang-Utan dann zerreißen,
ein Bandwurm fies von innen fressen,
danach ein Elefant ihn pressen.

Genüsslich schickt er Wölfe los,
wirft ihn dem Nashorn vor zum Stoß
und stellt sich Grizzlybären vor,
die Hackfleisch machen aus dem Tor.

Perfide sieht er voll Entzücken,
wie Löwen schmatzend ihn verdrücken,
auch Drachen lässt sein Hirn ihn holen,
die seinen Chef voll Wut verkohlen.

Selbst Echsen aus der Urzeit kamen,
die dem Kretin das Leben nahmen,
von den Hornissen ganz zu schweigen,
mit eingereiht im Tötungsreigen.

Durchs Wasser schwebt ein Todesrochen,
der hat den Lumpen durchgestochen,
gefolgt von einer Würfelqualle,
die machte ihn endgültig alle.

Den Geiern bietet er den Rest,
lädt auch Hyänen ein zum Fest.
Ein Tiger fällt ihm gerade ein,
da hört er: „Kommen sie herein".

Er geht hinein, zum Kampf bereit,
der Vorstandschef sagt: „Tut mir leid,
ich war im Unrecht, ich Idiot",
und schon sind alle Tiere tot.

Wie die Flamingos wurden …

Auf einem Bein am Strand,
stand stolz und elegant,
Flimango, dunkelblau
und suchte eine Frau.

Die rote Flominga,
die den Flimango sah,
verliebte sich sofort,
in den Flimango dort.

Sie stelzten hin und her,
Flimango balzte sehr,
Flominga war betört
und hat ihn bald erhört.

Jetzt leben dort am See,
nach jenem Tete a Tete,
Flamingos pink und froh
und bleiben immer so.

Rechtschreibprüfung

Ein Komma stand in einem Satz
an einem völlig falschem Platz.
„Wie dumm du bist", so hat geunkt,
ein dicker, arroganter Punkt.

Das Fragezeichen hörte dies
und fand den Punkt ganz einfach mies.
Es sprach zum Punkt: „Nun hör gut zu,
das Komma macht mehr Sinn als du.

Denn jeder Satz merkt zum Verdruss,
nach einem Punkt ist meistens Schluss.
Ein Komma stimmt die Sätze heiter,
denn nach dem Komma geht es weiter"!

So sprach das Fragezeichen munter,
das ärgerte den Punkt darunter.
Der wollte dort nicht länger parken,
verschwand … es blieb ein Fleischerhaken.

Ein Abstieg, will man es so sehen,
doch manchmal muss man aufrecht stehen.
Für Schwache laut das Wort ergreifen
und auf die falschen Punkte pfeifen.

Auch Menschen setzen oftmals Zeichen,
um schlechte Ziele zu erreichen,
dann hilft in vielen Fällen nur,
die punktuelle Korrektur.

Unheimlicher Besuch

Einst stand der Tod vor meiner Tür.
Ich fragte ihn: „Was willst du hier"?
„Dich holen, deine Zeit ist um",
so sprach er und blieb danach stumm.

„Ach gib mir noch ein wenig Zeit,
ich bin noch nicht so recht bereit",
versuchte ich mit ihm zu handeln,
um seinen Auftrag umzuwandeln.

„Ich habe noch kein Haus gebaut,
mich noch mit keiner Frau getraut,
will doch noch leben und genießen,
und sehen, wie die Kinder sprießen.

Ich möchte viele Reisen machen
und feiern, tanzen, singen, lachen,
will Ruhm erlangen und viel Ehre,
Besitz anhäufen durch Karriere".

Der Tod sprach: „Heut´ erlischt dein Licht,
dein Jammern, nein, das hilft dir nicht,
wer auf die falschen Werte setzt,
lebt nur im Hier und stirbt im Jetzt.

Der schwimmt niemals im Liebesmeer,
hat Konto voll, doch Seele leer.
Man darf was haben, das ist richtig,
der Umgang damit aber wichtig".

„Ach bitte, lass mich doch versuchen,
mein Seelenkonto voll zu buchen,
zu lieben, helfen, trösten, teilen
und Schwachen stets zur Hilfe eilen".

So bat ich voller Angst und Not,
mit Inbrunst den Gevatter Tod.
„Zu spät", so sprach der Tod genervt,
„die Sense ist bereits geschärft.

Hör endlich auf mit dem Gebettel"
und schaute noch mal auf den Zettel.
„Entschuldigung", so sprach er dann,
„ich musste ja nach nebenan.

Es tut mir leid, für deinen Kummer,
ich irrte mich wohl in der Nummer.
Das kommt bei Greisen schon mal vor,
verzeihe einem alten Tor".

Bin schweißgebadet aufgewacht,
nach dieser wahren Horrornacht.
Seit diesem Traum ist mein Bestreben,
vom Tod das Leben her zu leben.

Wasserdampf

Ein Mensch, der steht am Morgen auf,
die Erde zu verbessern,
mit Worten und mit guter Tat
die Dürre zu bewässern.

Das Meer zu sein an diesem Tag,
das ist sein großes Ziel,
jedoch bemerkt er schon recht bald,
ein Meer scheint viel zu viel.

Vielleicht tut es ja auch ein See,
so hat er eingeschränkt
und flugs mit weniger Elan
auf jenes Ziel gelenkt.

Doch dieses war ihm auch zu groß,
verdampfte in der Hitze,
er reduzierte noch einmal
auf eine große Pfütze.

Schon etwas später hörte er
den Misserfolg laut klopfen,
beschloss, letztendlich reicht ja auch
ein großer Wassertropfen.

Der Mensch erkennt, mit einem Tropfen
kann er niemand locken,
beschließt, er lässt es lieber ganz ...
Die Welt bleibt weiter trocken.

Frau kauft Hose

Kauft eine Frau ein Beinkleid ein,
so muss der Mann geduldig sein.
Es dauert immer viele Stunden,
mit dem Ergebnis: Nichts gefunden.

Sie schaut nach Farbe und nach Schnitt
und nimmt den ersten Stapel mit.
Steigt in die Jeans der Marke BOSS,
zu wuchtig ist das Gürtelschloss.

Nun steigt sie in S. Olivier,
sie liest den Preis, oje, oje.
Rein in die nächste, die passt nie,
ihr steht halt gar nichts von Esprit.

Jack Wolfskin wird nun anprobiert,
zu eng, der Bauch ist abgeschnürt.
Es folgt ein Teil von Lagerfeld,
sieht gut aus, aber zu viel Geld.

Tom Tailor, Levis, Hilfiger,
ach, soviel Auswahl macht es schwer.
Nach 40 Hosen und drei Stunden
hat sie die richtige gefunden.

Doch in der Kassenwarteschlange
hat sie viel Zeit und schaut noch lange.
Es tönt aus ihren Hirngewinden:
Vielleicht wirst du was Bess´res finden.

Sie hängt die Hose wieder fort,
verlässt den Männerfolterort,
schimpft vor der Party vor sich hin:
„Ich habe gar nichts anzuzieh´n".

Mann kauft Hose

In den Laden, Hose an.
Kaufen, raus, so kauft ein Mann.

Hellseher

Ein Mensch erlitt ganz furchtbar Qualen,
er träumte nachts die Lottozahlen,
doch weil er nachts nicht Brille trug,
da sah er sie nicht gut genug.

Flitz

Seit gestern hab´ ich abgenommen,
denn gestern hab ich Flitz bekommen.
Das nimmt man kurz vorm Schlafen gehen,
schon kann man Pfunde purzeln sehen.
Doch scheinbar spinnt die neue Waage,
denn dann beim Wiegen trat zutage,
es ist sogar ein Kilo mehr,
vielleicht hilft Flitz ja doch nicht sehr.
Auf der Verpackung war zu lesen:
Ist Flitz mal kein Erfolg gewesen,
dann sollte man doch Flutz versuchen,
(gern würde man per Lastschrift buchen).
Auch Flutz half nicht zur Traumfigur,
da las ich: Dann hilft ihnen nur,
das Mittel Flotz, jetzt gleich bestellen
und schon ist Schluss mit Bauchspeckwellen.
Letztendlich hat auch Flotz versagt,
da habe ich mal nachgefragt.
„Wenn Flotz nicht hilft, hilft nur noch Fletz,
das ist das Dominogesetz",
so sprach die Dame, die ich fragte,
bevor ich es noch einmal wagte.
Auch dieses Mittel war wohl Mist,
weil nur mein Konto schlanker ist.
Doch sich beschweren half nicht viel,
mein Anruf führte nicht zum Ziel.
Ich lernte in der Warteschleife,
es gibt sogar schon Abnehmseife.
Danach erklärte man mir lieb,
ich sei kein Flitz-Flutz-Flotz-Fletztyp.

Jedoch es gäbe völlig neu,
dazu Prozente, blieb ich treu,
ein Mittel namens HER-DEIN-GELD,
das hab´ ich per Express bestellt.

Falscher Stolz

Ein Hund macht Haufen in die Blüten
und sieht, das packt man flugs in Tüten.
Und da er sonst nichts produziert,
hat das zu falschem Stolz geführt.

Buchsucht

Ein Mensch betritt den Bücherladen,
um tief im Letternmeer zu baden
und kauft mit echtem Kennerblick
ein neues Buch voll Leseglück.

Er legt es auf den Nachttischschrank,
nimmt rasch noch einen Schlummertrank
und zelebriert am Buch, dem neuen,
die Lust, sich innig vorzufreuen.

Mit frischem Atem und gestriegelt,
entfernt er Folie und entsiegelt,
die Seiten die ihm Freude machen,
schon beim Gedanken muss er lachen.

Die Brille setzt er auf die Nase,
baut Kissenstütze, zwecks Ekstase.
Dann richtet er das Leselicht,
ein Lächeln schon auf dem Gesicht.

Er schnuppert tief den Duft der Seiten,
lässt Finger übern Einband gleiten,
hält zärtlich inne für Sekunden,
ist dann der Welt ganz flugs entschwunden.

Die Augen manchmal schreckgeweitet,
zum Weinen kurz darauf verleitet.
Zum Lachen, wie ein Narr, alleine,
total erstarrt wie Kieselsteine.

Des ganzen Lebens Klaviatur,
ist er in Stunden auf der Spur.
Das Bett wird Himmel, Erde, All.
Um zwölf schließt er das Buch mit Knall.

Als ihn der Wecker weckt um vier
verflucht er kurz die Lesegier.
Doch selbst beim frühen Zähneputzen
muss er die Zeit zum Lesen nutzen.

Der Mensch, das Brötchen in der Hand,
liest nebenbei im neuen Band,
hat es wohl durch in nächster Zeit,
das ist des schnellen Lesers Leid.

Er legt das Buch vorerst zur Seite,
damit es länger Spaß bereite
und nimmt sich für den Abend vor:
Heut´ machst du Pause, dummer Tor.

Nach Rückkehr von dem Arbeitsplatz
ruft ihn des Buches nächster Satz.
Die Sucht nach Fortgang der Geschichte
macht Leseabstinenz zunichte.

Als er den Rückfall dann erleidet
und sich an schönen Sätzen weidet,
da hat er sich erneut befreit
von Existenz in Raum und Zeit.

Am selben Abend blättern Hände,
die letzte Seite um mit: ENDE.
Die Wonne, die ein Buch bereitet,
hat noch für Tage ihn begleitet.

Was soll er in die Ferne schweifen?
Warum denn nach den Sternen greifen?
Er wird auch keine Kreuzfahrt machen.
Wer braucht schon einen echten Drachen?

Der Mensch, verzückt durch schöne Zeilen,
kann lesend durch die Welten eilen,
hat alles, was er braucht, entdeckt,
weil es in guten Büchern steckt!

Das Einzige, was ihn bedrückte,
wenn er erneut die Börse zückte,
war, dass er auf dem Konto spürte,
dass seine Sucht ihn ruinierte.

Dem Freund, dem hat er sich geoutet,
der sagte, wie die Lösung lautet:
Geh einfach in die Bücherei,
dort liest man fast gebührenfrei.

Dort fand der Mensch, was er begehrte,
das Neue und das Altbewährte.
Die Auswahl groß, man muss nicht löhnen
und kann der Büchersucht froh frönen.

Ver „APP" elt

Ein Mensch beschließt in diesem Jahr,
damit ich Zeit und Euros spar,
muss endlich nun ein Smartphone her,
das hilft bei Beidem sicher sehr.

Er nimmt es gleich zum Einkauf mit,
zu nutzen es nun Schritt für Schritt,
ruft auf die App zum Parkplatz suchen,
um bei der Suche nicht zu fluchen.

Die App zeigt ihm auch Plätze an,
doch hilft das weder Frau noch Mann,
denn alle sind besetzt zum Pech,
dort steht wie immer Blech an Blech.

So wartet er wie schon seit Zeiten,
bis jemand kommt aus Ladenweiten,
das Auto bis zum Dach belädt
und schon nicht mehr im Wege steht.

Kaum ist er dann im Laden drin,
kommt ihm sein Smartphone in den Sinn.
Damit die Euros länger reichen,
sucht er die App zum Preis vergleichen.

Am Ende spart er 50 Cent,
wenn er wie ein Verrückter rennt.
Fünf Läden müsste er besuchen.
Die App ist Mist, hört man ihn fluchen.

Jetzt sieht er, wo sonst Zucker stand,
steht Müslimischung Nuss-Krokant,
denn umgeräumt hat man die Waren,
so nervt man Kunden schon seit Jahren.

Vielleicht gibt es ja eine App,
für ihn, den Orientierungsdepp,
so hofft der Mensch, doch leider nicht,
er sucht auf gute alte Sicht.

Nun steht er in der Warteschlange.
Mein Gott, denkt er, das dauert lange.
Das könnte eine App erhellen,
die optimiert, sich anzustellen.

Die gibt es auch, er macht ein Bild,
danach wird es recht vogelwild.
Die App berechnet Durchschnittsmengen,
von allen Wartewagengängen.

Der Mensch hüpft hektisch hin und her
im Kassenschlangenwartemeer,
beschließt das Smartphone auszuschalten
und manuell den Platz zu halten.

Nach Regen sieht es draußen aus,
das Smartphone also wieder raus.
Die Wetterapp wird ihm wohl sagen,
kann er Transport zum Auto wagen?

Wahrscheinlichkeit ist 10 %,
dass Regen fällt, doch nur dezent.
So liest er und schiebt los ganz munter,
da prasseln 10 % herunter.

Bei Facebook schickt er noch zum Schluss,
weil es die Welt erfahren muss,
ein Selfie mit dem Einkaufswagen:
Hab´ eingekauft, soll es wohl sagen.

Die Frau ruft an: „Wo bleibst du nur"?
Er spricht: „Bin noch auf Einkaufstour.
Das Smartphone ist ein wahrer Segen".
Sie sagt: „Schau auf die Uhr, von wegen"!

Der Mensch fährt träumend vor sich hin,
mit nichts als Smartphone nur im Sinn.
Noch einmal nimmt er es zur Hand,
sieht nicht den Typ am Straßenrand.

Der winkt ihm heftig mit der Kelle,
zwingt ihn zu halten auf der Stelle.
Für 100 Euro gibt er Ruh´.
Ein Punkt in Flensburg kommt dazu.

Das Wichtigste auf dieser Welt
ist für den Menschen nicht das Geld.
Denn hundert Freunde ihn erlabend,
hat er bei Facebook schon am Abend.

Das geht bei Facebook blitzeschnell,
sind sie auch letztlich virtuell.
Doch ist der Akku einmal leer,
dann hat man keine Freunde mehr.

Hebt dann der Mensch einmal den Blick,
kehrt in die echte Welt zurück
und nutzt, statt Fingern, die schon wund,
mal seinen fast vergessenen Mund,

entdeckt er zwischen Fluch und Segen,
das Menschsein gibt's auf vielen Wegen,
zieht seine Weisheit dann daraus
und lässt das Smartphone manchmal aus.

Häufig

Ein Mensch, der häufte Güter an
und fühlte sich unsterblich dann.
Doch jeder Mensch muss einmal sterben,
dann freuen Haufen nur die Erben.

Lebensabend?

Einsam sitzt sie in der Wohnung
und ihr Freund der heißt TV.
Leben bringt er ihr ins Zimmer,
sie kennt jeden Film genau.
Doch den Arm um ihre Schulter,
der ihr manche Tage fehlt,
kann ihr bester Freund nicht legen,
wenn die Einsamkeit sie quält.
Er ist da, wenn sie ihn braucht,
denn nur er schenkt ihr noch Zeit,
bringt die Welt in ihre Wohnung,
zeigt ihr Freude, Trauer, Leid.
Denn er ist das Tor zum Leben,
in der Stille ihrer Welt,
bringt ihr kalte Pseudowärme,
die sie täglich aufrecht hält.
Alte Menschen ohne Lobby,
abgeschoben und allein,
werden für uns junge Menschen
Spiegelbild der Zukunft sein.
Darum öffne Herz und Hände,
spende etwas deiner Zeit, schenke das,
was du für dich wünschst,
denn dein Altsein ist nicht weit.

Wie geht´s?

Nach eines Arbeitstages Schluss,
da warten zwei auf ihren Bus.
Sie blicken sich per Zufall an,
erkennen zeitgleich sich sodann.

„Wie geht´s"? hört man den Ersten fragen.
„Ach geht so, kann mich nicht beklagen".
So spricht der Zweite, fragt: „Und dir"?
„Nicht schlecht, so leidlich läuft´s bei mir".

Der Erste denkt, was „geht so" heißt,
des Zweiten Sinn um „leidlich" kreist
und beide fürchten, wenn ich frage,
tritt Leidensmonolog zutage.

Sie ahnen, wenn sie tiefer bohren,
dann dringen Klagen an die Ohren
und jeder denkt schon insgeheim,
woanders steig ich morgen ein.

Da kommt der Bus, zum großen Glück,
der Vorhang fällt vom Zufallsstück.
Der Erste sagt: „Auf Wiederseh´n"!
Der Zweite: „Ja, war wirklich schön"!

Dann steigt er schleunig vorne ein,
der andre hinten, sitzt allein.
Dort schweigen beide vor sich hin,
nach einem Treffen ohne Sinn.

Tarnung

Ein Wolf, der holte in sein Rudel,
zur Hilfe einen weißen Pudel.
Der Nachwuchs, der entstand daraus,
sah original wie Schafe aus.

Der kleine Lord

Ein Mensch, ein Griesgram schlimmster Sorte,
benutzte viele böse Worte,
erzeugte Kummer, Not und Leid
und endete in Einsamkeit.

Ein Bettler saß auf einer Straße,
der Mensch ging auch durch jene Gasse
und legte voller Übermut,
2 Euro in den alten Hut.

Der Arme sprach: „Recht vielen Dank,
Gott segne sie ihr Leben lang,
es gibt nicht viele nette Leute,
auf einen davon traf ich heute".

Dem Menschen mit der rauen Schale
ging Sonne auf zum ersten Male.
Die Worte haben ihn verwandelt,
so, dass er liebevoll nun handelt.

Schon bald verschwand sein Seelenschmerz,
er öffnete die Hand, das Herz
und wurde, vorher kalt und blind,
ein liebevolles Gotteskind.

So wertvoll können Worte sein,
wer sie auch spricht, ob Groß, ob Klein.
Es war, wie einst beim kleinen Lord,
Verwandlung durch ein gutes Wort.

Braunstorm

Ein Mensch, der hatte als Gehirn,
zwei Zellen hinter seiner Stirn.
Die eine schrie unendlich: Heil!
Die andere trank Bier derweil.

Kettenreaktion

Ein Virus hockt an einem Glas,
bei dem das Spülen man vergaß.
Voll Tücke sitzt er, mitleidsarm
und freut sich schon auf Magen-Darm.

Ein Kegelclub in jener Schänke
bestellt sich durstig zehn Getränke.
Auf diese ganz banale Weise
macht sich der Virus auf die Reise.

Kaum ist er in Verdaubezirken
beginnt er schon sein böses Wirken,
ab jetzt gibt es für ihn kein Halten,
ist er erst drin, dann kann er walten.

Im Mensch, den jemand heimwärts fährt,
hat sich der Virus stark vermehrt
und sorgt im Magen und im Darm
bei Abwehrzellen für Alarm.

Jedoch sie kriegen´s nicht gebacken
und müssen ihre Sachen packen.
Der Feind besiegt die Killerzellen,
durchströmt die Blutbahn flugs in Wellen.

Der Zecher fühlt sich gar nicht wohl
und schiebt das auf den Alkohol.
Schon schütteln ihn der Krankheit Kräfte,
er schwört: „Ab morgen nur noch Säfte"!

Es brodelt hin und brodelt her,
in Darm und Magen tobt es sehr,
die Sehnsucht nach dem Bett ist groß,
da geht die Katastrophe los.

„Mein Gott, was hab´ ich nur gegessen",
schiebt er die Übelkeit auf´s Essen.
Mit einem Sprint saust er zum Klo,
entleert den Magen, geht k. o.

Doch als es ihn auch hinten treibt
und er sich beiderseits entleibt,
da wird ihm schweißgebadet klar,
dass es das Essen wohl nicht war.

Zwei Tage zwischen Klo und Bett …
Der Mensch, der vorher rundlich, fett,
hat sich nach unten um gewichtet,
hätt´ auf den Grund recht gern verzichtet.

Am dritten Tage geht's bergauf,
so ist der Grippe Lebenslauf.
Noch manchmal muss der Mensch auf´s Klo,
doch weniger, bemerkt er froh.

Grad sitzt er einmal wieder dort
an jenem oft besuchten Ort,
da klingelt es, der Mensch steht auf,
so nimmt das Schicksal seinen Lauf.

Er torkelt, schwach nach soviel Stress,
sieht, vor der Tür steht UPS.
Dort muss er etwas unterschreiben,
ließ Hände waschen vorher bleiben.

Der Virus auf dem Kugelschreiber,
der freut sich schon auf neue Leiber.
Auf dem Transporter lesen Kunden:
Wir bringen´s, 24 Stunden!

Es freut sich, wer ein Päckchen kriegt,
doch Freude wird diesmal getrübt,
denn unsichtbar bringt sie hier Gaben,
die will nicht einer wirklich haben.

Haariges

Ein Mensch, dem´s Haar nach hinten floh,
den machten seine Brauen froh.
Sie folgten seinem Haar nach oben,
so ließ er Wildwuchs fröhlich toben.

Ge"BILD"et

Am Samstag gab die Heckenschere
voll Schärfe meiner Hand die Ehre.
Ergebnis war ein tiefer Schnitt,
wodurch mein Blutvolumen litt.

Ein Mensch, der jene Szene sah,
erzählte es der Nachbarschar
und schmückte die Geschichte aus,
mit Futter für Kopfkinoschmaus.

So machte Pech der frühen Stunde,
im ganzen Dorf recht schnell die Runde.
Bereits im ersten Abendrot
verkündete man meinen Tod.

Was lernt man aus den Dorfgeschichten?
Ein jeder Mensch beherrscht das Dichten!

Terrassentürterror

Mensch Eins, nach langer Woche Last,
der Hektik, Stress und Lautes hasst,
sitzt froh am Samstagsfrühstückstisch,
mit Knusperbrötchen, warm und frisch.

Mensch Zwei, schon etwas länger wach,
schaut auf das Blätterungemach,
holt flugs den Motorbläser raus,
mit Ruhe ist es vorerst aus.

Mensch Eins schlüpft schnell in seine Schuh´
und schlägt die Tür nach draußen zu.
Gefühlt nach einer Ewigkeit,
da macht sich wieder Ruhe breit.

Das nimmt Mensch Eins sehr gern in Kauf
und macht die Tür erleichtert auf.
Doch kaum hat er sich hingesetzt,
wird sein Idyll erneut zerfetzt.

Ein Rasenmäher bläst voll Zorn
in sein benzingetränktes Horn,
genüsslich schiebend frönt Mensch Zwei
der Samstagsrasenkürzerei.

Doch irgendwann ist es geschafft
und es versiegt die Motorkraft.
Mensch Eins beschließt erneut zu wagen,
Natur zum Frühstück beizutragen.

Mensch Zwei, ein wahrer Alphamann,
schmeißt den Kamin mit Brennholz an.
Schon riecht es penetrant nach Rauch,
Mensch Eins schließt Tür mit Wut im Bauch.

Dann lichtet sich der Holztodnebel,
Mensch Eins bedient der Türe Hebel.
Freut sich erneut an der Natur,
doch etwa fünf Minuten nur.

Mensch Zwei fährt stolz das Auto vor,
schon singt der Kärcherwasserchor.
Mensch Eins hat das erneut gepeinigt,
wie Zwei mit Druck sein Auto reinigt.

Als Zwei nicht mehr mit Hochdruck quält,
den Kärcher an die Seite stellt,
schleicht Eins zum Messingtürenknauf
und macht die Tür noch einmal auf.

Kaum sitzt er, frönt der Magenpflege,
naht Eins mit seiner Kettensäge,
rückt seiner Hecke auf den Leib,
sein Höhepunkt beim Zeitvertreib.

Mensch Eins, der wird vor Zorn ganz rot,
wünscht Zwei den Kettensägentod
und schwört seitdem auf das Buffet,
am Samstag früh im Parkcafe.

Trugschluss

Ein Hahn, der um sich selbst sich dreht,
glaubt, dass ihm keine widersteht.
Das konnte er recht bald vergessen,
die Füchsin hat ihn aufgefressen.

Wortwahlzauber

Ein Mensch, vom Leben fast erschlagen,
der musste schwere Lasten tragen.
Ob bei der Arbeit, ob zu Haus,
der Alltag zehrte ihn fast aus.

Er wollte immer bester sein,
bei Frau und Chef, im Dorfverein.
Nach außen gut gelaunt, charmant,
doch innen seelisch ausgebrannt.

Der Mensch kam irgendwann an Grenzen,
begann am Arbeitsplatz das Schwänzen,
bekam fast gar nichts mehr geregelt,
ist in ein Seelentief gesegelt.

Der Arzt, den er zur Hilfe rief,
beschied ihm, er sei depressiv.
Das hat dem Chef er offenbart,
der hat ihn seltsam angestarrt.

Den Job hat jener Mensch verloren
und deshalb hat er sich geschworen,
wenn er die Konsequenz betrachtet,
dass er nun auf die Wortwahl achtet.

Denn Menschen schauen leider schief,
bekennt man sich als depressiv.
Verständnisvoller wird geschaut,
nennt man dasselbe nur BURN-OUT.

Unehrlicher Wachstumshemmer

Es trinkt ein Mensch, um abzuwehren,
die Sorgen, groß wie Grizzlybären.
Am nächsten Tag, zu seiner Qual,
sind groß sie, wie ein Killerwal.

Doppelter Versicherungsschaden

Ein Mensch, der hat in seinem Laden
durch Rohrbruch einen Wasserschaden.
Wie gut, denkt er, für dieses Leid,
steht die Versicherung bereit.

So hat ihn das nicht sehr verdrossen,
dafür hat er sie abgeschlossen.
Zwecks Hilfe gegen seinen Kummer
sucht er Police, Hotline-Nummer.

Erst ist besetzt, dann endlich frei,
dann fragt man ihn nach eins, zwei, drei.
So schnell entscheiden kann er nicht,
weshalb er das Gespräch abbricht.

Erneut nervt ihn die Warteschlange,
noch einmal wartet er recht lange.
Drückt, als er dran ist, gleich die Zwei
und hofft, dass dieses richtig sei.

Jedoch der Mensch am andren Ende,
belehrt des Bess´ren ihn behände
und das für Wasserschäden sei,
auf seiner Tastatur die Drei.

Der Mensch, sein Blutdruck langsam steigend,
legt auf und wartet noch mal schweigend.
Minutenlang wird er beschallt
mit Tönen aus dem Regenwald.

Dann bittet eine nette Dame,
zu nennen Schaden, Wohnort, Name
und findet seine Daten nicht,
worauf der Mensch in Zorn ausbricht.

Sonst so ein netter Zeitgenosse,
benutzt er Worte aus der Gosse,
lässt seine angestaute Wut heraus,
schimpft jene Dame furchtbar aus.

Die stottert, wagt sich nicht zu wehren,
der Mensch fährt fort sich zu beschweren,
da sieht er, und ihm stockt das Blut,
dass er der Armen Unrecht tut.

Die nette Dame ist nicht schuld,
viel mehr wohl seine Ungeduld.
Als er an Worten noch geschliffen,
hat er das falsche Blatt ergriffen.

Erwischte so den falschen Laden
zu melden seinen Wasserschaden.
Wie ändert er nur diesen Lauf?
Er schämt sich und legt feige auf!

Der Mensch trägt nun zum Wasserschaden,
die schwere Last der Hasstiraden
und will in Zukunft danach streben,
die Fehler Nächster zu vergeben.

Schuster bleib bei deinen Leisten

Ein Mensch, ein rechter Bürokrat,
der Hände nur mit Daumen hat,
beschloss um selbst sich zu beweisen,
ein Haus zu bauen für die Meisen.

Er kaufte Nägel, Bretter, Leim,
für jenes neue Vogelheim
und fertigte flugs einen Plan-
so fing das ganze Elend an.

Die Bretter hat er schief geschnitten,
die Nägel haben auch gelitten.
Sie wurden krumm, das Holz gespalten.
Das Häuschen konnte so nicht halten.

Auch alle Vögel, ungelogen,
die machten um das Häuschen Bogen.
Der Eingang war zu klein geraten,
verwaist blieb jenes Haus im Garten.

Der Mensch mit gleich zwei linken Händen,
beschloss das Werken zu beenden,
schwamm weiterhin, so wie bisher
im Bücher und im Aktenmeer.

Umgeben dort von Aktenzeichen
konnt´ niemand ihm das Wasser reichen.
Er spielte virtuos mit Lettern,
im Gegensatz zum Bau mit Brettern.

Talente, ja, die hat ein jeder,
der schwingt den Hammer, der die Feder.
Tu, was du kannst, dort wo du bist,
mit deinen Gaben. Das ist List.

Falsches Versprechen

Ein Jüngling, der ein Mädel liebt,
beteuert, dass er „alles" gibt.
Doch hat er sie erobert dann,
gibt er das „alles" meistens dran.

Lebensweisheit

Des Menschen Leben kriegt erst Würze,
bemerkt er seines Lebens Kürze.

Ausgelutscht

Ein Mensch beschließt im Bonbonshop
Produkte zu probieren
und sie, nach positivem Test,
in Tüten heimzuführen.

Er greift ein Minzelutschbonbon
mit Schokoladenfüllung
und harrt, nach Schmelz der Außenhaut,
auf leckere Enthüllung.

Jedoch nach drei Sekunden nur
merkt seine Zungenspitze,
in jener kleinen Leckerei
ist eine große Ritze.

Schon schmeckt er, außer Pfefferminz,
den Hauch von Schokolade,
doch viel zu früh, sie ist noch kalt,
das findet er sehr schade.

Er wendet jenen süßen Schmaus
und schiebt ihn hin und her,
die Sollbruchstellen nehmen zu,
das stört den Menschen sehr.

Mit akrobatischem Geschick,
versucht er es zu richten,
mit seiner Zunge als Verschluss,
die Ritze abzudichten.

Die Zunge drückt, das Bonbon bricht,
der Inhalt strömt heraus,
der Mensch noch eben „vor sich freuend",
geht enttäuscht nach Haus.

Zeitenwandel

Ein junger Mensch zieht in die Welt,
mit einem Rucksack, einem Zelt.
Der alte Mensch, der braucht indessen,
ein weiches Bett und gutes Essen.

Wertloser Fund

Es treffen sich beim Gassi gehen,
zwei Menschen, die sich öfter sehen.
Den Einen hört man fröhlich sagen:
„Du ahnst nicht, wen ich traf vor Tagen".

Danach lässt er das Sprechen sein,
der Name fällt ihm nicht mehr ein.
Der Andere, der wartet schweigend,
jedoch auch seine Neugier zeigend.

„Wie hieß er noch, er schielte sehr",
so denkt der Erste hin und her.
Sein Gegenüber brütet auch,
steht aber selber auf dem Schlauch.

„Meinst du den Kleinen mit der Tolle"?
„Ach nein, das war der wilde Wolle".
Den schlanken mit der Pferdelunge"?
„Still, gerade liegt's mir auf der Zunge".

„Ich meine es war was mit O".
„Ach der", frohlockt der Andere froh.
„Das war der Ottmar, zart und klein".
Der Erste denkt kurz nach, sagt: „Nein"!

Jedoch nach einer Viertelstunde
beenden sie die Namenskunde.
Sie gehen beide grübelnd fort
von jenem Hirnversagensort.

Der Erste muss des Nachts aufs Klo,
da plötzlich taucht, das macht ihn froh,
der Name des Gesuchten auf,
kurz freut er sich, dann pfeift er drauf.

Oft findet man, es ist zum Fluchen,
das, was man gerade nicht am Suchen.
Doch braucht man es von Zeit zu Zeit,
steht das Gesuchte nicht bereit.

Der Mensch, der legt sich wieder hin,
nach dieser Antwort ohne Sinn,
die das Gehirn ihm bot noch an,
doch die er nicht mehr brauchen kann.

Fortpflanzung

Ein Mensch niest ohne Hand vorm Munde,
schickt die Bakterien in die Runde,
die bald in fremden Nasen tanzen.
So ist es fies, sich fortzupflanzen.

Reinkarnation

Ein Mensch schlägt früh die Zeitung auf,
da nimmt das Unheil seinen Lauf.
Er liest von Wirtschaft, Politik,
im Feuilleton die Filmkritik.

Danach das Neueste aus der Welt
und was die Börse macht mit Geld.
Als nächstes Sport und Klatschgeschichten,
gefolgt von den Lokalberichten.

Dann Kleinanzeigen und zuletzt,
(was ihn an diesem Tag entsetzt),
beim Lesen in den Letternreigen,
die Seiten, die den Tod anzeigen.

Der ganze Tag ist ihm verdorben,
er liest, er selber sei gestorben.
Das trifft ihn schmerzlich in das Herz,
trotzdem er lebt, spürt er den Schmerz.

Die Dame in der Redaktion
entschuldigt sich mit leisem Ton,
als ihr der Mensch, der wütend bebt,
beweist, dass er sehr wohl noch lebt.

Er hört, schon morgen sei zu lesen,
dass das ein Irrtum wär´ gewesen
und das man ihm zum Wochenende
noch einen Büchergutschein sende.

Der Praktikant sei Schuld daran,
der habe halt noch keinen Plan.
Es tue ihr von Herzen leid,
sie hoffe, dass er das verzeiht.

Der Mensch, der lenkt besänftigt ein,
sein Herz, das ist ja nicht aus Stein.
Am nächsten Morgen schlägt er so
die Zeitung auf, noch hoffnungsfroh.

Sein Name steht dort, dick und fett,
doch wieder ist das gar nicht nett
und lässt erneut den Blutdruck steigen:
Er steht unter „Geburtsanzeigen".

Flammendes Inferno

Ein Gatte brannte voller Feuer
bei einem Liebesabenteuer.
Doch später hörte man ihn fluchen,
beim in der Asche Reste suchen.

Bahnhof

Auf einem Bahnhof ist es so:
Man kommt, man geht, ist traurig, froh.
Man fährt ganz gerne in die Ferne,
doch kommt man heim genauso gerne.
Man sieht viel Elend und viel Prunk,
man sieht viel Freude und auch Stunk.
Es rollen Koffer und auch Tränen,
es ist ein Freuen und ein Sehnen.
Ein Tag am Bahnhof, der ist eben,
ein Spiegelbild vom wahren Leben.

Made in Germany

Lahmacun, Baguette und Döner,
machen uns das Leben schöner.
Möbel von dem Mensch aus Schweden
sind erschwinglich meist für jeden.
Tee aus Südamerika
hat jeder Teegenießer da,
Neuseelandkiwis, Vitamine,
liegen in der Obstterrine.
Italiens feinste Lederschuhe,
stehen vor der Wäschetruhe,
Parfüm aus Frankreich, tankzugweise,
macht jedes Jahr die Importreise.
Hollands Käse, Stück für Stück,
erhöht das Morgenfrühstücksglück.
Der Teppich aus dem Orient
schmückt manchen Wohnraum ganz dezent.

Den Kaviar von Russlands Fischen,
den findet man auf Luxustischen.
Selbst in der Tasse der Kakao
ist nicht aus deutschem Eigenbau.
Lief alles Fremde einfach fort,
wär Deutschland ein ganz trister Ort.
Wir nutzen gern globale Güter,
doch Zorn ergreift die Schlichtgemüter,
auf Menschen aus den fremden Staaten,
denn die, die haben schlechte Karten.

Überschuss

Ein Mensch, der selbst sich überschätzt,
beschließt, er hebe Hanteln jetzt.
Er ächzt, er stöhnt, er kann, er muss-
Den Mensch ereilt ein Hexenschuss.

Feuer und Wasser

Das Feuer und das Wasser,
die hatten sich zum Feind.
Sie führten viele Kriege
und waren nie vereint.
Das Feuer und das Wasser,
die hatten sich nicht gern,
war Wasser mal zugegen,
dann blieb das Feuer fern.
Ein Topf, der sah die Feindschaft
und machte dieser Schluss,
weil in die Welt der Zukunft
der Frieden kommen muss.
Das Feuer kochte Wasser,
so machten beide Sinn,
sei wie der Topf, der weise,
dann kommt ein Neubeginn.

Frühstücks-GAU

Ein Mensch lehnt sich entspannt zurück,
genießt das Morgenfrühstücksglück,
betrachtet froh den Gabentisch,
mit Knusperbrötchen, warm und frisch.

Das Leben ist ganz einfach toll,
sinniert er zart und liebevoll,
beißt in das Backwerk mit Genuss,
mit Euphorie ist jählings Schluss.

Er separiert in Windeseile,
das Harte und die weichen Teile,
die weichen kommen in den Schlund,
das Harte holt er aus dem Mund.

Dann wandert seine Zungenspitze
in eine canyongroße Ritze,
die eine Plombe hinterließ
und ihm zerstört das Paradies.

Mit starrem Blick auf jene Masse,
führt er zum Mund die Kaffeetasse,
der heiße Sud aus Kaffeebohnen
trifft auf entblößte Zahnneuronen.

Die Frau, noch schlummernd auf Matratze,
schimpft, halb im Schlaf, auf Nachbars Katze,
dreht sich noch einmal auf die Seite,
verschwindet in der Träume Weite.

Um acht wälzt sie sich aus den Daunen
und findet Leere zum Erstaunen.
Ein Zettel kündet vom Vermissten:
Bin ungeplant kurz zum Dentisten!

Der Mensch, per Auto hin zum Arzt,
schaut in den Spiegel arg verknarzt,
saugt kalte Luft ein, kommt zum Schluss:
Der Schmerz macht diesen Gang zum Muss!

Die Ankunft lässt erneut ihn fluchen,
jetzt muss er auch noch Parkplatz suchen,
dann tritt er ein, die Seele bange
und stellt sich in die Warteschlange.

Schon der Geruch lässt ihn erstarren,
soll er noch flüchten oder harren?
Gedanken rasen hin und her,
zu spät, er hört schon: „Bitte sehr"?

Er schafft, devot und larmoyant,
Mitleid erhoffend und charmant,
dass man ihn rasch dazwischen nimmt
und repariert, was kaubestimmt.

Im Wartezimmer tiefes Schweigen,
nicht einer will hier Schwäche zeigen,
doch ist wer dran, entgleist die Miene,
als ginge es zur Guillotine.

Schon wieder öffnet sich die Tür.
„Der Name, der gehört zu mir",
so denkt der Mensch mit kaltem Schweiß
und folgt der Helferin in Weiß.

Es grüßt ihn lächelnd und jovial,
der Zahnbehandler seiner Wahl,
piekst kurz in jene Riesenritze,
steht auf, holt die Betäubungsspritze.

Erst kommt der Große, laut und brummend,
dann folgt der Kleine, sirrend, summend,
zum Schluss die Füllung - ekelhaft,
die Ecken glätten und geschafft.

Der Mensch spitzt kurz zur Armbanduhr,
ersehnt das Ende der Tortur,
dann kehrt zurück sein Lebensspaß,
als er die Worte hört: „Das war´s"!

Voll Dankbarkeit drückt er die Hand,
die seiner Schmerzen Heilung fand
und geht mit tauben Lippen fort,
von jenem ungeliebten Ort

Als er gelöst im Auto sitzt
und seine neue Plombe blitzt,
hat er die Schmerzen rasch vergessen
und tönt bereits beim Mittagessen.

Er könne Menschen nicht verstehen,
die voller Angst zum Zahnarzt gehen,
das sei das Schönste auf der Welt ...
Bewundernd lobt die Frau den Held.

Im Bett, die Augen schwer wie Stein,
fällt ihm ein Aphorismus ein:
So manchmal hängt des Tages Glück,
an eines Kiefers kleinem Stück.

Spitzenleistung

In eines Kirschbaums höchster Spitze,
hing eine Kirsche, rot und rund.
Ein Hobbygärtner sah sie hängen
und Speichel füllte seinen Mund.

Jedoch die Leiter, die er hatte,
war eine Handbreit nur zu kurz,
so trat er auf ein dünnes Ästlein,
er war zu schwer, es kam zum Sturz.

Beim Flug vorbei an vielen Kirschen,
da sah der Mensch, durch Schaden schlau,
ob Größe, Farbe oder Rundung,
sie gleichen sich fast haargenau.

Mit Gipsbein, Gipsarm, blauem Auge,
da fiel ihn die Erkenntnis an,
dass man beim Streben an die Spitze
auch manchmal böse stürzen kann.

Tagesschau

Das sind die Themen dieser Welt:
10 Minuten Kriege und 5 Minuten Geld.

Der Glücksspieler

Voll Lust das Glück herauszufordern

beschließt ein Mensch ein Los zu ordern.
Fünf Euro soll der Preis betragen,
dafür kann man das Schicksal jagen.

So greift er in den Topf mit Nummern
in dem die Geldgewinne schlummern.
Der Werbespruch verführt ihn sehr:
„Schon morgen sind sie Millionär"!

Mit jenem Los in seiner Hand
verlässt er rasch den Glücksspielstand,
setzt sich im Park auf eine Bank
und macht sich selbst die Spannung lang.

Schon sieht er sich auf Luxusyachten,
mit Frauen, die nach ihm nur schmachten,
träumt, wie er laut den Chef beschallt
und ihm die Kündigung hinknallt.

Dann rubbelt er die Felder frei
und wird ganz aufgeregt dabei,
hat wirklich dreimal gleiche Zahlen,
doch dieses bringt ihm neue Qualen.

Denn hundert Euro sind sein Eigen,
das reicht nicht Reichtum vorzuzeigen.
„Jedoch", so sagt sein gutes Ich,
„du hast gewonnen, freue dich"!

Dem bricht der Mensch recht schnell die Treue,
das Böse sagt: „Versuch´s auf´s Neue"!
So setzt er hundert Euro ein
und hofft, er habe noch mal Schwein.

Doch Niete reiht sich nur an Niete,
recht flugs verblüht die „Neureichblüte".
Schon rubbelt er ein letztes Mal
und jede Niete wird zur Qual.

„Kein Glück gehabt" steht dort zu lesen.
Der Mensch verflucht das Glücksspielwesen.

Bettroulette

Es legt ein Mensch erschöpft sich hin,
nach gutem Schlaf steht ihm der Sinn.
Er schließt die Augen, deckt sich zu,
denkt: So, für heute ist nun Ruh´.

Doch kaum fällt er in leichten Schlummer,
schleicht sich heran des Tages Kummer.
Es folgen viele schwarze Zwerge,
die ihm servieren Sorgenberge.

Der Mensch wälzt sich im Bett herum,
seufzt vor sich hin und leidet stumm,
dreht sich wie`s Huhn am Hähnchengrill,
doch die Gedanken steh´n nicht still.

Jetzt läuft ihm auch noch seine Nase,
kaum putzt er sie, drückt ihn die Blase.
Er gibt dem drücken lieber nach ...
Zurück im Bett ist er hellwach.

Brennt auf dem Klo jetzt noch das Licht?
Der Mensch steht auf, er weiß es nicht,
trinkt ein Glas Wasser, geht zu Bett
und schon bohrt er das nächste Brett.

Ob wohl die Renten sicher sind?
Was bringt die Zukunft für mein Kind?
Hab ich den Herd wohl ausgeschaltet?
Wie wird mein Aktienfonds verwaltet?

Wieso der Hund wohl Durchfall hat?
Wann kommt die Abrechnung der Stadt?
Verzichtet Kim-Jong-un auf Bomben?
Was warn in Mathe noch mal Rhomben?

Wird Deutschland die WM gewinnen?
Warum lobt PISA nur die Finnen?
Wann war noch mal der Hochzeitstag?
War wohl der Kaffee heut´ zu stark?

Ganz viele Menschen in viel Betten,
versuchen nachts die Welt zu retten
und schaffen kaum, vor lauter drehen,
den nächsten Tag zu überstehen.

Geplagt von Sorgen und von Nöten
beginnt der Mensch zuletzt zu beten
und Gott, der sich um jeden sorgt, sagt:
Deine Zeit ist nur geborgt.

Nicht eine Stunde kann im Leben,
die Sorge mehr an Zeit dir geben,
ich bin für dich der sichere Hafen …
Der Mensch ist sofort eingeschlafen

Genieße den Tag

Auch wenn du manchmal schon im Voraus heftig leidest,
weine nicht, bevor du Zwiebeln schneidest.

Die

„Die" denken immer nur an sich
und füllen sich die Taschen.
„Die" nutzen ihren Status aus
und kennen alle Maschen.
„Die" schröpfen nur den kleinen Mann,
erhöhen jährlich Steuern.
„Die" gehen ständig über Leichen,
betrügen und verteuern.
„Die" ändern die Gesetze so,
dass sie für sich nur passen.
„Die" sparen bei dem kleinen Mann,
sie selber sieht man prassen.
„Die" predigen dem Nächsten Wasser
und trinken guten Wein.
„Die" achten nur auf's eigene Konto
und werden reich wie Stein.
„Die" sind auch schuld an jedem Stau
und kommt die Bahn verspätet.
„Die" sind so arg im Land verpönt,
dass man mit Worten tötet.
„Die" kennt man nicht und sieht man nicht,
doch braucht man dringend sie,
denn wenn wir mal ganz ehrlich sind,
was wäre Schimpfen ohne „Die"?

Seitensprung

Schießt Amor einmal falsche Pfeile,
trifft mitten in die Langeweile,
dann wird die Treue nur gelingen,
wenn Mann und Frau zur Seite springen.

Denn triebgesteuerte Minuten,
an denen Ehen oft verbluten,
die lehren Frau und lehren Mann:
Der Höhepunkt hält kurz nur an!

Das soll zu der Erkenntnis führen,
für die, die gern mal „ausprobieren",
der Mensch, durch Sinneslust verwirrt,
hat sich sehr schnell ins „Aus" probiert.

Im Schneckenhaus

In einem kleinen Gartenstaat,
da lebte zwischen Kopfsalat,
im Schutze einer großen Hecke,
voll Wonne eine fette Schnecke.
Allein, von Pflanzen nur umgeben,
galt dem Genuss ihr ganzes Leben.
Sie nahm von allem nur das Beste
und hinterließ ein Beet voll Reste.
An einem wunderschönen Tag,
als faul sie in der Sonne lag,
kam in ihr kleines Königreich,
zwar andersfarbig, doch sonst gleich,
ein weiteres nettes Schneckentier,
mit Hunger und Salatgespür.
So ist das Leben wohl bisweilen,
wer Vieles hat, der sollte teilen.
Die Kunde von dem Wundergarten,
die lockte Schnecken aller Arten.
Es war genug für alle da,
doch Schnecke eins, die sah Gefahr.
Ihr ging es ab sofort ganz schlecht,
sie fand das Leben ungerecht,
doch war sie heut´ wie gestern satt,
was sie vor Wut vergessen hat.
Ihr Leben schien ihr nun verdorben,
vor Selbstmitleid ist sie gestorben.
Auch Menschen geht es manchmal so,
nur materielles macht sie froh.
Geht es mal einen Schritt zurück,
zerbricht ihr ganzes Lebensglück.

Das Fremde ängstigt manchen sehr
und er schwimmt mit im braunen Meer.
Wer reich an Herz ist und Verstand,
gibt Nächsten die gefüllte Hand
und jammert nicht, ob kleiner Gaben,
aus wohl gefüllten Honigwaben.

Feigling

Vor der Schlange
wird dir bange
und du zitterst stumm.

Stehst du in der Warteschlange,
etwa nur an achtem Range,
schreist du lauthals `rum.

Trainingslager

Am Freitagsstammtisch sitzen sie,
die „Stars" vergangener Zeiten
und lassen sich durch Schnaps und Bier
auf alte Pfade leiten:
„Wir konnten zwar den Meistertitel
nie beim Schopfe packen,
doch sahen gegnerische Spieler
von uns meist nur die Hacken.
Das Dribbeln, Laufen, Schuss und Pass
beherrschten wir wie keine,
und suchte man das beste Team,
dann blieben wir alleine".
Nach drei, vier Runden Gerstensaft,
da lässt man lauthals wissen:
„Wir hätten damals jedes Jahr
den Titel holen müssen.
Das Potenzial, es war wohl da
und man muss ehrlich sagen,
fast jeder aus dem alten Team
würd´ heut´ den Adler tragen".
Das Bier, der Korn und manchmal Wein,
es fließen viele Runden,
fühlt man sich Fußballgöttern gleich,
zu vorgerückten Stunden.
Um zwei, da ist man rundum blau
und grölt durch hohle Gassen:
„Den Weltcup hätten wir geholt,
hätt´ man uns spielen lassen."
Am nächsten Tag, die Köpfe schwer,
Erinnerung nur mager,
da schwört man sich, doch nur bis Freitag:

Nie wieder Trainingslager!

Ferkeleien

Ein Mensch, im Auto vor der Ampel,
der bohrt ganz unverfroren,
mit seinen Fingern in der Nase,
danach noch in den Ohren.

Ein Mensch im Wald, in der Natur,
allein mit Reh und Hase,
entleert an einem Eichenbaum
die prallgefüllte Blase.

Ein Mensch, am Tisch im Restaurant,
man mag es kaum erwähnen,
der pult sich nach dem Mittagsmahl
die Reste aus den Zähnen.

Ein Mensch, dem seine Nase juckt,
der schnupft in seine Hand
und Keime, Viren tummeln sich
bis an den Nagelrand.

Der Mensch, der reicht zum Überfluss
am ferkeligen Ende,
trifft er Bekannte irgendwo
die ungewaschenen Hände!

Klassentreffen

In Aktien hat der K. gemacht,
die L. hat Bücher raus gebracht,
die M. trägt einen Wahnsinnsring,
der A., der wurde Dipl. Ing.,
und O., der ist ein großer Boss,
F. lebt mit ihrem Mann im Schloss,
den X. kennt man vom Autos handeln,
die Z. entfernt Polypen, Mandeln.
Nur W. steht schweigsam nebenan,
er ist nur Schaffner bei der Bahn
und traut sich gar nicht mitzureden,
befürchtet für sein Image Schäden.
Dann sprach man W., den Schaffner, an:
„Was machst denn du heut´, guter Mann"?
Da hat W. einfach los gelogen,
dass sich die stärksten Balken bogen.
Den zweiten Weg sei er gegangen,
danach´s Studieren angefangen,
er habe einen Lehrstuhl inne,
doch stünden ihm nach mehr die Sinne.
Er werde schon in nahen Zeiten
ein Riesenunternehmen leiten,
das mache in Beförderungsarten,
mehr würde aber nicht verraten.
So baute er ein Lügenhaus
und fand bald selber kaum heraus.
Herr W. verschwand zu früher Zeit
vom Jahrmarkt vieler Eitelkeit.
Hell leuchtet sein Erkenntnislicht:
Zum nächsten Treffen geht er nicht!

Guter Vorsatz

Ein Mensch, des Fernsehn´s überdrüssig
beschließt: Es wird nun überflüssig.
Als Freund von Wiese, Wald, Natur
setzt er auf Bildbetrachtung pur.
So kommt´s, dass sein TV-Gerät
am nächsten Tag beim Sperrmüll steht.
Dann schafft er sich ein Fernrohr an
durch welches er betrachten kann,
wie Wildsau, Hirsche, Rehe springen
und Vöglein ihre Brut ausbringen.
Jedoch, dem Spanner auf der Lauer,
dem reichte es nach kurzer Dauer.
Zu monoton war das Programm,
von Tieren, Blumen, Baumesstamm.
Durch´s Fernrohr sah er gegenüber
ins Fenster seiner Nachbarn rüber.
Doch nervte ihn, man ahnt es schon,
die schlechte Auswahl und kein Ton.
Dem Mensch, als Fazit der Geschicht´,
nach Untergang vom Tageslicht,
ganz heimlich und bei dunkler Nacht,
wurd´ bald ein Fernseher gebracht.

Christenpflicht

Ein Mensch, im Supermarkt, beim Suchen,
steht gerade am Regal mit Kuchen,
da sieht er in den Laden eilen,
den Typ, der´s liebt, sich mitzuteilen.

Schnell saust der Mensch zur Frischfleischtruhe
und hofft, man lasse ihn in Ruhe,
steckt seinen Kopf ganz tief ins Eis,
studiert recht lang und nah den Preis.

Dann schiebt er weiter, blau gefroren,
mit Schmerzen in den kalten Ohren,
verkrümelt sich in Warengänge,
taucht unter in der Menschenmenge.

Rasch kauft er ein und ohne Denken,
versucht den Wagen fortzulenken,
von jenem Mensch, der gern verweilt
und seine Zeit mit Freuden teilt.

Grad fährt er um ein scharfes Eck,
da sieht er plötzlich voller Schreck,
(sein Tag wird augenblicklich trüber)
des Redners Wagen gegenüber.

Die nächste lange halbe Stunde,
strömt ohne Ende aus dem Munde,
des Menschen Flut von Anekdoten,
dem Hörer juckt es in den Pfoten.

Er denkt bei sich in aller Stille,
mit Hut, Perücke, Sonnenbrille,
wird er demnächst sich wohl verkleiden,
vielleicht den Supermarkt auch meiden.

Er hadert mit den Christenpflichten,
nicht über andere zu richten
und findet´s manchmal übertrieben,
den Nächsten wie sich selbst zu lieben.

ICH-AG

Sehr häufig denkt der Mensch an sich
und sieht, nicht mal gelegentlich,
dass hier, auf dieser großen Welt,
nicht er allein als Mensch nur zählt.
Tagein, tagaus, schon früh am Morgen,
beginnt er sich um sich zu sorgen,
schafft nicht, dass er zum Mitmensch geht,
weil er sich selbst im Wege steht.
Doch wendet er sich Nächsten zu,
verändert sich der Mensch im Nu,
denn Egoismus ist zum Schämen
und Geben seliger denn nehmen.

Wünsche

Ein Vogel sieht durch eine Scheibe,
auf einem Tisch des Menschen Bleibe,
ein Schüsselchen mit Haferflocken
und lässt sich durch den Hunger locken.

Erregt fliegt er mal hin, mal her
und jubiliert und zwitschert sehr.
Das Glück erscheint ihm heute hold,
schenkt ihm am frühen Morgen Gold.

Mit frohem Lied und Flügelschlag
glaubt er, das sei ein guter Tag,
fliegt eine tollkühn, dreiste Schleife,
stürzt auf die Beute mit Gepfeife.

Doch manchmal trügt der schöne Schein,
das sieht das Vöglein schmerzlich ein
und prallt mit allergrößter Power
vor eine unsichtbare Mauer —

Ein Mensch sieht durch das Glas der Türe,
da streckt ein Vogel alle Viere,
hat Mitleid, will den Armen pflegen,
doch da beginnt der sich zu regen.

Schnell fliegt er fort, bleibt nicht mehr liegen.
„Ach", denkt der Mensch, „könnt´ ich auch fliegen".
Zwei Kreaturen wird enthüllt:
Ein mancher Wunsch bleibt unerfüllt!

Vorsorge

In Werbespots, schon früh am Morgen,
rät man den Menschen vorzusorgen,
damit im Alter Standard werde:
Die Kreuzfahrt, Yacht und ein, zwei Pferde.

So legt man monatlich zur Seite,
bis knapp vor seines Kontos Pleite
und spart für seine alten Tage
vom kargen Lohn der Arbeitsplage.

Wie gerne würde man verreisen,
in exklusiven Räumen speisen,
doch schiebt man das auf später auf,
verzichtet auf so manchen Kauf.

Die Werbung schockt mit schlimmen Szenen,
die rühren uns zu dicken Tränen:
Der alte Mensch in Armenküchen,
umgeben von Geschrei, Gerüchen!

Von niemandem wird er gepflegt,
an den Gesellschaftsrand gelegt.
So spart man sich vom Munde ab
für etwas Luxus vor dem Grab.

Dann geht es, wie es vielen geht,
das „später" kommt oft viel zu spät,
man hätte gleich genießen sollen,
so lang' es ging, an Stränden tollen.

Viel Umsatz bringt die Angst vor Not,
doch morgen, Mensch, da ist der Tod,
der kommt, den kümmert nicht das Morgen,
drum übertreib´ nicht „vorzusorgen".

Hinter Sternen

Herr L. begann sich zu ereifern,
es läge ihm unendlich fern,
in Luxusautos einzusteigen,
des Markenzeichens mit dem Stern.

Den Fahrern ging es nur ums Protzen,
zu zeigen, was man Tolles hat,
die Autos seien doch wie Panzer
und kaum geeignet für die Stadt.

Zu groß, zu plump und unbeweglich,
sie sähen schon so öde aus,
kurz, diese Marke der Verschwender,
die käme ihm wohl nie ins Haus.

Der Mensch, drei Lottowochen später,
gewinnt beim Monatssonderspiel,
genau ein Auto jener Marke
und kriegt vor Freude fast zu viel.

Durchs Dorf kurvt er mit größter Wonne
und hofft, ein jeder sähe ihn,
der Stern glänzt blinkend in der Sonne,
Herr L. summt lächelnd vor sich hin.

Am Stammtisch prahlt er Motorleistung,
stimmt mit in Lobeshymnen ein.
So schnell kann heute eine Meinung
schon morgen Schnee von gestern sein.

„Blöd"-Zeitung

In guter Presse steht zu lesen,
was noch kommt und was gewesen.
Doch in der Regenbogenpresse steht,
was man erfindet und verdreht.
Man glaubt, das will doch niemand lesen,
auch ist es keiner je gewesen,
der jene Worte lüstern liest
und wohlig Gänsehaut genießt.
„Wer konsumiert schon solchen Schund",
entströmt es aus des Menschen Mund.
Doch ist das Blatt an allen Tagen,
der Top-Hit bei Verkaufsauflagen?!

Wenn der Wind bläst …

Du siehst mich nicht, du hörst mich nicht,
ich mache weder Krach noch Licht.
Ich bleibe ewig, bin ich da,
ich bin die schleichende Gefahr.
Ich töte Menschen, Tiere, Pflanzen,
der Sensenmann will mit mir tanzen.
Vergessen macht mich chancenreich,
zerstöre alle Dinge gleich.
Ob Mauern, Ketten, Stacheldraht,
nichts hindert mich bei meiner Tat.
Ich bin das Erbe für die Welt,
bestechlich nicht für Gold und Geld.
Bin unsichtbar, mit Tod als Ziel,
geboren einst in Tchernobyl.

Evolution

Unter einer Brücke,
saß lauernd eine Mücke,
die wartete auf Blut,
wie das die Mücke tut.
Über diese Brücke,
unter der die Mücke,
ging in aller Stille,
ein Mensch mit drei Promille.
Ein Stich, die Mücke saugte,
was nicht zum Besten taugte.
Vom Alkohol benommen,
hat sie der Frosch bekommen.
Der Frosch, nun auch besoffen,
ist auf den Storch getroffen.
Der kannte kein Erbarmen,
erledigte den Armen.
Der Storch, beschwingt und wohl,
durch Frosch mit Alkohol,
fiel abends aus dem Nest,
zu eines Fuchses Fest.
Der Fuchs hat laut gesungen,
aus Jagd gestählten Lungen,
Die Füchsin seine Frau,
die warf ihn aus dem Bau.
So wurde aus der Mücke,
dort unter jener Brücke,
aus Reineke, dem Vater,
ein Fuchs mit einem Kater.

Kritik

Er ist ein Dichter ohnegleichen,
gehört zu den ganz Wortschatzreichen,
behauptet von sich fest und laut,
dass er auf seine Fehler schaut
und dass, wenn er mal kritisiert,
ihn dies zur Selbsterkenntnis führt.
Man lobt ihn sehr für seine Werke,
das Versmaß und die Bilderstärke,
verleiht ihm Preise und Pokale
und manche schöne Blumenschale.
Doch meistens schreibt er über Sachen,
die andere Menschen madig machen,
betrachtet sich als das Gewissen,
das Federn piekst durchs Ruhekissen.
So bringt er Buch für Buch heraus
und erntet meistens auch Applaus.
Ein Freund nur findet ihn nicht gut
und nimmt zusammen allen Mut.
Er schreibt im Brief ihm ganz dezent,
was unter seinen Nägeln brennt:
Das neue Buch wär´ reichlich bieder
und manches sei ihm gar zuwider!
Das ließ den Dichter nicht mehr schlafen,
die eigenen Worte Lügen strafen.
Er trat sein Werk mit beiden Füßen,
versagte seinem Freund das Grüßen,
er ließ auch vorläufig das Schreiben
beleidigt und betroffen bleiben.
Von tausenden wurd´ er geliebt,
von einem nur sein Glück getrübt …
Und die Moral von der Geschicht´:

Kritik verträgt der Beste nicht!

Heiligen-Schein

Herr W. saß in der Kirchenbank,
bei einer Predigt, fromm und lang,
sang Lobpreislieder, dass es schallt',
voll Inbrunst und mit Urgewalt.

Vor Nächstenliebe troff die Seele,
war auch das Knien ein Gequäle,
es schmolzen betend ihm dahin,
die Missgunst, Geiz und böser Sinn.

Die Emotionen, die das weckte,
die hielten nur bis zur Kollekte,
denn W. fiel voller Schrecken ein,
im Portemonnaie war nur ein Schein.

Der Zwanziger dort in den Falten
ließ seine Liebe rasch erkalten,
er wollte gerne Geber sein,
doch nicht in Form von einem Schein!

Der Opferkorb ging durch die Reihen,
Herr W. bat Gott ihm zu verzeihen:
Zu teilen sei zwar Christenziel,
doch zwanzig Euro arg zu viel!

Der Knopftrick ging ihm durch Gedanken,
doch wies er ihn rasch in die Schranken,
die Jacke, zu Herrn W.`s Verdruss,
die hatte einen Reißverschluss.

So tauchte er die leere Hand
in jenen Korb, der vor ihm stand
und hoffte niemand merkte dies,
dass er nur Luft daraus entließ.

Herr W., bereits am selben Abend,
mit Freunden sich beim Bier erlabend,
der schmiss zur vorgerückten Stunde
schon seine dritte Kneipenrunde.

Und siehe da, der große Schein,
noch in der Kirche schwer wie Stein,
der schwebte aus dem schwarzen Leder,
als sei er leicht wie eine Feder.

Gewichtiges

Ein Mensch steigt morgens auf die Waage
und stellt sich ganz erstaunt die Frage:
„Bin ich zu klein für mein Gewicht"?
sieht er die Zahl im Displaylicht.

Nach einem tief enttäuschten Fluchen
beginnt er nach dem Grund zu suchen,
dass trotz des Fastens seit drei Stunden
der Kilozeiger dreht fast Runden.

So sucht er nach Entschuldigung
für jenen 100 Kilo-Schwung,
den ihm die Waage deutlich zeigt,
als er den Kopf zur Skala neigt.

„Ich habe wohl zu starke Knochen,
es waren ja auch Festtagswochen
mit vielen Braten und auch Torte,
doch auch viel Obst von jeder Sorte.

So manchmal lockt mich sehr das Süße
und schwer sind meine großen Füße.
Ein Eisbein mit leicht fetter Schwarte
steht schon mal auf der Speisekarte.

Jedoch anbei ist stets parat,
ein kerngesunder Kopfsalat,
mit Saucen voller Mayonnaise
und etwas Wein von bester Lese.

Des Weiteren ist zu erwähnen,
es liegt wohl auch an schlechten Genen,
man sieht selbst Wasser, dass wir trinken,
als Fett auf uns´re Hüften sinken.

So ist sie nun mal, die Natur,
da hilft auch keine Hungerkur"!
Der Mensch weist alle Schuldgedanken
durch Selbstbetrug in ihre Schranken.

Treibt fröhlich weiter Völlerei,
lebt schlemmend und diätenfrei,
hat sich zur Lösung aufgerafft:
Er hat die Waage abgeschafft!

Unsterblich

Ein Mensch von Ruhm und Macht geblendet
glaubt, dass sein Leben niemals endet.
Doch half ihm weder Ruhm noch Macht,
das Leben hat ihn umgebracht.

Poetenschicksal

Ein Dichter, weiser Worte voll,
hält seine Verse für echt toll.
Hat sie auf viel Papier getippt
und fort gesandt das Manuskript.

In Träumen und in Fantasien,
sieht er die Umsatzzahlen blühen,
umschwärmen ihn schon Leserscharen,
die mit ihm die Gedanken paaren.

Da ist er Star der Büchermesse,
der Liebling von TV und Presse,
gekrönt mit Lorbeerkranz und Preisen,
verwöhnt mit Wein und feinsten Speisen.

Nach einer Woche Wartedauer,
des Dichters, immer auf der Lauer,
nach jenem Auto, gelb, mit Horn
ergreift ihn der Poetenzorn.

Doch rasch besänftigt er Gedanken,
weist seine Ungeduld in Schranken,
die den Verlag voll Huld entlasten,
vom Vakuum im Hausbriefkasten.

„Lektoren sind oft überlastet,
sie lesen nicht gern überhastet",
so suggeriert ihm sein Gehirn
und bietet Unrast flugs die Stirn.

Doch weitere zwei Wochen später
macht seine Seele neu Gezeter.
Noch einmal dämpft sein Hirn die Eile:
„So ein Vertrag, der braucht halt Weile"!

Dann endlich kommt der Brief der Ehre,
der Start zu seiner Weltkarriere.
Er öffnet ihn mit feuchter Hand
und schon rotiert die Zimmerwand.

Er stöhnt und liest und liest und stöhnt,
sein Manuskript ist abgelehnt.
Gern schicke man es ihm zurück,
man wünsche ihm beim Suchen Glück.

Nach dem Verlag, der lieber druckt,
was sein Computer ausgespuckt.
Ein Musterbrief, der unerwartet
ein echtes Lyrikdrama startet.

Frustriert zerreißt der Mensch das Schreiben,
dann muss verkannt er ewig bleiben …
Beschließt Enttäuschung zu ertränken,
mit Alkohol sich abzulenken.

Zu später Stunde voller Wein,
holt ihn der große Kummer ein.
Das Manuskript hat er zerrissen,
Dateien vom PC geschmissen.

Sein ganzes Werk ging so verschwunden,
Millionen Lettern in Sekunden.
Am nächsten Morgen, schwer verkatert,
hat ihn sein Tun schon leicht gemartert.

Jedoch, so hat er sich gesagt,
wenn niemand ihn zu drucken wagt,
dann wird er wohl so gut nicht sein
und schon trat Seelenfrieden ein.

Es kam die Post am nächsten Tag,
erneut schrieb ihm der Buchverlag.
Man wolle sich bei ihm entschuldigen
und seiner Lyrik lauthals huldigen.

Der Praktikant sei Schuld daran,
das „Nein" ging an den falschen Mann.
Das Schriftstück sei ganz große Dichtung,
zu publizieren klare Richtung.

Jedoch er möge noch mal senden,
das Manuskript zu treuen Händen,
das sei doch sicher kein Problem
und ob des Grundes angenehm.

Der Praktikant, der schwer verwirrte,
der auch den Brief falsch adressierte,
ließ auch zum Unglück, währenddessen,
das Manuskript vom Reißwolf fressen.

Der Mensch schaut sprachlos auf den Brief,
die Seele weint, sein Herz schlägt schief.
Kurz hat der Weltenruhm gewunken …
Der Mensch hat sich erneut betrunken.

Klatsch

Es redete an vielen Orten
ein Mensch mit vielen schlechten Worten
tagtäglich andere Menschen klein,
um selber leidlich groß zu sein.

Der Macher

Ein Mensch, unendlich selbstbewusst,
erfüllt von größter Lebenslust,
der lebte, wie ein Chinakracher,
war immer vorn, war immer Macher.

Privat, beruflich, alle Tage,
war er die Antwort jeder Frage,
ließ keine fremde Meinung zu,
erstickte Konkurrenz im Nu.

Die Frau, die war ihm viel zu bieder,
die Kinder duckten vor ihm nieder
und da der Reichtum sexy macht,
hat er sich Groupies angelacht.

Ferrari, Harley, Pferde, Yachten,
in schönsten Städten Häuserprachten,
man sah ihn, ließ sich mit ihm sehen,
vom Hauch des Luxus mit umwehen.

So hielt er sich für gottesgleich,
war herzlos, eitel und steinreich,
doch kam sein Leben aus dem Lot,
denn plötzlich klopfte Bruder Tod.

Wie man bei einem „Macher" ahnt,
war selbst sein Grabstein wohl geplant,
dort stand, vom Größenwahn betört:
„Weint nur um mich, ich war es wert."

Das Zahnpastatubensyndrom

Sie sagt schwarz, er sagt weiß,
sie sagt kalt, er sagt heiß,
sie sagt jung, er sagt alt,
sie sagt heiß, er sagt kalt,
sie sagt groß, er sagt klein,
sie sagt ja, er sagt nein,
sie sagt dünn, er sagt dick,
sie sagt hässlich, er sagt schick,
sie sagt langsam, er sagt schnell,
sie sagt dunkel, er sagt hell,
sie sagt „raus", er sagt „aus"!

Der Weg zum Frieden

Zeigen Menschen Sanftmut, Mitleid und Erbarmen,
nutzen alle ihre Arme zum Umarmen,
liegen sanfte Hände auf des Nächsten Rücken
dann kann niemand einer Waffe Abzug drücken.

Eintagsfliege (nach einer Geschichte von Kishon)

Ein Mensch gab Antwort dieser Tage,
auf eines Fernsehsenders Frage,
die man ihm auf der Straße stellt,
zu Themen Wirtschaft, Krieg und Geld.

Der Mensch, der eigentlich recht schüchtern,
der sprach ins Mikrofon ganz nüchtern:
„Man malt zu sehr in schwarzen Farben,
ein gutes Ding will Weile haben".

Den Menschen, grad noch graue Masse,
am nächsten Tag, auf jeder Straße,
den grüßten freudig Mann, Kind, Frau,
denn er kam in der Tagesschau.

Drei Tage konnte er sich sonnen
in der Berühmtheit schönster Wonnen,
danach ließ die Berühmtheit nach,
weil Neues seinen Spruch ausstach.

Der Mensch, enttäuscht vom schnellen Ende,
läuft durch die Straßen, durchs Gelände,
sucht in den Wäldern und auf Pisten
verzweifelt nun nach Journalisten.

Mann oh Mann

Man traut sich kaum, es laut zu sagen,
doch hat ein Mann in diesen Tagen,
behaupte ich mal unverfroren,
Identitäten ganz verloren.

Er soll Motoren tauschen können,
den Softwarefehler flugs benennen.
Im Bett wie Casanova sein,
Experte bei Musik und Wein.

Adonis muss sein Körper gleichen,
vor keinem Zweikampf darf er weichen,
beim Sport nur Spitzenleistung bringen,
den Kindern Einschlaflieder singen.

Die Möbel soll er selber drechseln,
des Babys volle Windel wechseln.
Wie Robert Redford männlich lachen,
beruflich Top-Karriere machen.

Ein Haus bau´n und ein Bäumchen pflanzen,
wie Valentino Tango tanzen,
sich kümmern um Besteck und Tassen,
es in der Liebe knistern lassen.

Den höchsten Berg soll er erklimmen,
durch Meere zur Geliebten schwimmen.
Planeten tief im All entdecken,
sein Essen soll Gourmets auch schmecken.

Der Liebsten soll er Ständchen bringen
und ab und zu mal Bungee springen.
Ach ja, der wahre Mann von Welt,
der schwimmt natürlich auch im Geld.

Er darf sich nicht der Tränen schämen
und Freunde in die Arme nehmen.
Die Jungfrau vor dem Drachen retten,
als Helfer um die Erde jetten.

Gepflegt sei sein Erscheinungsbild,
je nach Bedarf, mal soft, mal wild.
Ein ganzer Kerl, das muss er sein,
die Menschheit retten ganz allein.

Ein Mann zu sein ist heut´ beschwerlich,
behaupte ich von Herzen ehrlich
und rufe feige hinter Türen:
„Wir müssen uns emanzipieren"!

Teufelskreislauf

Ein Mensch trank täglich Alkohol
und fühlte sich durch ihn nur wohl.
Probleme lösten Bier und Korn,
doch täglich kamen sie von vorn.

Dinge

Das Leben scheint für manchen zu gelingen,
dreht es sich um die Jagd nach tausend Dingen.
Sein Eigentum steht nur an erster Stelle
und raffen wird zur liebsten Lebensquelle.

Gefühle, Menschen liebevoll berühren,
dazu lässt so ein Mensch sich nicht verführen,
denn Dinge ändern niemals ihr Verhalten,
da muss man sich nicht mühsam umgestalten.

Doch Dinge geben leider keine Liebe,
sie streicheln nicht, sind keine Herzensdiebe,
sie trocknen keine Tränen, sind nur stumm
und stehen nutzlos, sinnlos meistens ´rum.

Sie fühlen keine Wärme, keine Trauer,
sie sind niemals erregt und niemals sauer,
sie zeigen keine Freude oder Wut,
sie sind nicht bitterböse oder gut.

Schaut dann der Mensch am Ende auf sein Leben,
ist er von vielen Dingen wohl umgeben,
doch lernte er die Liebe niemals kennen,
kann man ein solches Leben Leben nennen?

Verwandlung

Ein Mensch, der eine Meinung hat,
verkündet sie und lächelt glatt,
schaut Beifall heischend in die Runde,
doch Lob kommt nicht aus einem Munde.

So schwächt der Mensch die Meinung ab,
doch schweigt die Menge wie ein Grab
und zeigt ihm durch die Schweigerei,
dass das die falsche Meinung sei.

Der Mensch, entnervt von jenem Schweigen
schwenkt um in Hordenmeinungsreigen,
hängt seinen Mantel in den Wind,
wird jedermann ein liebes Kind.

Man klatscht ihm Beifall, dass es kracht,
man jubelt, lobt ihn und man lacht,
sofort nennt man sein Wort famos,
so werden Menschen rückgratlos.

Liebenslauf

Es kracht, es donnert und es blitzt,
wenn Amor seine Pfeile spitzt.
Man schwebt auf rosa Wolke sieben,
von Liebe in den Wahn getrieben.
Verstand, Vernunft und Hirn sind hin,
bringt Liebe Menschen um den Sinn.
Mit feuchten Händen, heißen Herzen,
verzehrt man sich vor Sehnsuchtsschmerzen,
träumt blind von Einem/Einer nur,
so ist die menschliche Natur.
Dann baut man sich ein kleines Nest,
macht jeden Tag zum Liebesfest
und richtet sich im Leben ein,
dann kommen erste Sticheleien …
Man sieht nach rosaroter Zeit,
des Partners kleine Fehlbarkeit.
Die ausgedrückte Pastatube,
die Nagelreste in der Stube,
die Socken einfach hingeschmissen,
den Schokofleck im Sofakissen,
den ungeleerten Müllbehälter,
kurzum, die Liebesglut wird kälter.
Bald sinkt das Seifenblasenglück
in die reale Welt zurück
und platzt mit Streit und vielem Weinen,
beim Aufprall auf den Lebenssteinen.
Es kracht, es donnert und es blitzt,
wenn man die Angriffspfeile spitzt
und nach des Partners Fehler sucht,
das Negative nur noch bucht.

Drum prüfe, wer sich ewig bindet,
worauf das Fundament sich gründet
und ob es trägt in schwerer Zeit,
denn Liebe, das ist Freud´ und Leid.

Der Ohrwurm

Im Aufzug, unter vielen Stummen,
beginnt ein Mensch, ein Lied zu summen.
Das geht Herrn K., dem armen Tropf
von nun an nicht mehr aus dem Kopf.

Ob auf der Straße, ob zu Hause,
der Song verfolgt ihn ohne Pause,
wo K. auch geht, wann oder wie,
bedrängt ihn jene Melodie.

Wie heißt das Lied, wer singt das nur?
So denkt er nach in einer Tour.
Der Ohrwurm macht ihn fast verrückt,
weil er in seinen Gängen drückt.

Herr K., der pfeift, ist niemals still,
obwohl er das doch gar nicht will,
selbst abends, als Herr K. sich bettet,
ist niemand da, der ihn errettet.

Der Ohrwurm folgt ihm in den Schlaf,
wacht morgens mit ihm auf, ganz brav.
Zwei Tage folgte ihm die Weise,
doch dann verstummte sie ganz leise.

Darüber war Herr K. sehr froh,
doch lauert wohl schon irgendwo,
mit einem neuem, lauten Ton,
des Ohrwurms Kind, sein kleiner Sohn.

Frühling

Ein Sehnen wird den Menschen inne,
betört sind Seelen, Herzen, Sinne,
ganz zart beginnt das Grün zu sprießen,
den Hauch des Lebens auszugießen.

Ob Kind, ob Greis, ob Mittelalter,
ob Fisch, ob Kuh, Zitronenfalter,
zum Aufbruch drängen Kreaturen,
beim dritten Schlag der Jahresuhren.

Was trübe war, wird langsam heller,
der Mensch kommt aus dem Winterkeller,
schenkt neu Beachtung vielen Dingen,
die sonst an ihm vorübergingen.

Er singt, wie Vögel, frohe Lieder,
steht auf und trimmt die müden Glieder,
dreht sein Gesicht zum Sonnenschein,
putzt Seele, Wohnung blitzblank rein.

Schenkt jedem froh ein Frühlingslächeln,
lässt sich vom milden Wind umfächeln,
wird, was wir äußerst selten sind:
Ein liebevolles Gotteskind.

Umsonst

Ein Mensch malocht um reich zu werden,
das ist sein größtes Ziel auf Erden.
Dann wird der Reichtum ihm genommen,
durch Leiden, die von Arbeit kommen.

Spieglein, Spieglein ...

Es schaue sorgsam in sein Herz,
bereitet er dem Nächsten Schmerz,
der, der ein hartes Urteil spricht,
ob er nicht selbst oft Regeln bricht.

Wurzellos

Auf einer Wiese stand ein Baum,
ein Blüten- und ein Blättertraum.
Die Bienen flogen durch die Luft
auf seinen süßen Blütenduft.
Er war der Star der Apfelwiese,
war mächtig, prachtvoll und ein Riese.
Kein anderer zog mit ihm gleich,
so voller Kraft und früchtereich.

Er war nun mal der Allerbeste,
es bogen sich die vollen Äste,
doch schon ein Stürmchen ließ ihn purzeln,
zu schwach war´n jenes Baumes Wurzeln.
Er war so manchem Menschen gleich:
Nur schwache Wurzeln, aber reich.

Der beißt sie nicht

Ein Mensch will Fitness steigernd traben
und sich an der Natur erlaben,
läuft langsam startend durch den Wald,
denn noch sind seine Muskeln kalt.

Nach tausend Metern, in der Ferne,
da sieht der Mensch und hat nicht gerne,
dass noch ein Waldbesucher naht
auf jenem Trimm- und Wanderpfad.

Daß ihm ein Mitmensch dort begegnet,
hat seine Laune nicht verregnet,
jedoch es tollt um ihn herum,
ein Riesenhund – schon schaut der stumm.

Der Mensch ruft: „Hunde an die Leine",
aus Angst um Schien- und Wadenbeine.
Der Halter lacht ihm ins Gesicht:
„Nur keine Angst, der beißt sie nicht"!

Der Sportler, leiderfahrungsvoll,
der findet das nicht gerade toll,
doch traut er sich ein weit´res Mal,
voll Angst und hoher Pulsschlagzahl.

Als er grad glaubt, es ist geschafft,
hat sich der Kampfhund aufgerafft
und wie´s der Läufer oft gehabt,
nach seinen Beinen wild geschnappt.

Der Hundehalter schaut entgeistert,
wie jener Mensch den Angriff meistert
und schiebt die Hundebeißneurose
auf des Athleten rote Hose.

Ob Sportler, Boten von der Post,
im ganzen Land, von West nach Ost,
lügt mancher dir in dein Gesicht,
wenn er laut ruft: „Der beißt sie nicht"!

Gleichberechtigung?

Das finde ich nun gar nicht toll,
das Baby hat die Windel voll.
Im Männerklo, Verzweiflung pur,
von Wickeltischen keine Spur.
Das ist wohl so, egal auch wo,
auf jedem deutschen Herrenclo.
Ich schleiche mich incognito
ganz heimlich auf das Damenklo,
wo ich fast eine ganze Wand
von schönsten Wickeltischen fand.

Hoechst Merckwürdiges Bayspiel

Einst kam der brave Bauer Mecke
des Morgens pfeifend um die Ecke,
zu füttern Milch- und Borstenvieh
und sank vor Schreck auf seine Knie.

Sein Mastschwein XL-Obelix,
gefüttert mit dem Futtermix:
„Porkito, neu, naturgesund",
war riesig groß und kugelrund.

Er rief die Frau und seine Mutter,
die sprach: „Das kommt vom Aufbaufutter,
das kriegten uns´re Viecher nie,
das ist doch alles nur Chemie"!

Schon bald war überall bekannt,
dort stand das größte Schwein im Land,
es wuchs und wuchs und stand nicht still,
gab von sich panisches Gebrüll.

Der Presserummel war fatal,
denn täglich stieg die Senderzahl.
Der Hof kam unter Quarantäne,
Verbraucherschutz betrat die Szene.

Durch Herzverfettung, Atemnot,
erlitt das Mastschwein schnell den Tod.
Es starb nach kurzen, schweren Qualen,
den Leichnam sah man bläulich strahlen.

Auf ziemlich wundersame Weise,
verschwand der Leichnam still und leise,
und Bauer Mecke, sonst per Pedes,
fuhr plötzlich einen S-Mercedes.

„Chemiegiganten vor´s Gericht“,
so sah man es im Presselicht.
„Nein, nein“, wurd´ pressesprechbeteuert,
„Chemie hat da nichts beigesteuert.

Man findet das von Fall zu Fall,
in eines Bauern Schweinestall.
So drei, viermal pro Jahr, pro Land,
entwickelt sich ein Schweinmutant“.

Dann kehrte langsam Ruhe ein,
man traute wieder Fleisch vom Schwein.
Auch ich aß gestern wieder Haxen,
heut´ morgen fing ich an zu wachsen!

Kontosperre

Ein Mensch benutzte seine Kräfte,
zu mehren Reichtum durch Geschäfte,
schob Gott beharrlich an die Seite,
war nach dem Tode Seelenpleite.

Mopß

Ein Mensch, vom Schalk zum Tun verführt,
probiert, wie Werbung funktioniert.
Zwar hat er nichts, um anzubieten,
doch seine Fantasie treibt Blüten.

So bringt er ein Produkt heraus,
weiß selber nicht, wie sieht es aus
und nennt es „Mopß", der große Segen,
um Kunden damit reinzulegen.

An Litfaßsäulen und an Wänden
beginnt die Botschaft er zu senden:
Wer Mopß nicht hat, ist völlig out!
Auch aus dem Radio tönt es laut.

Schon bald fragt man an jeder Ecke,
was bitte, hinter Mopß wohl stecke.
Wo könnt´ es Mopß zu kaufen geben?
Den Ersten fehlt es schon im Leben.

Der eine prahlt: „Ich weiß Bescheid,
für mich steht Mopß bereits bereit"!
Der andere, voll Neid, erzählt:
„Auch ich hab´ Mopß schon vorbestellt"!

Nach Mopß fragt man im Internet,
in Forum und so manchem Chat,
im Supermarkt, in allen Läden,
hört über Mopß man Kundschaft reden.

Als Mopß landein, landaus bekannt
und danach giert das ganze Land,
beschließt der Mensch mit viel Humor:
Nun halte ich den Spiegel vor!

Verkündet laut: „Es ist genug".
Bekennt sich zu dem Mopßbetrug,
beweist, ist auch der Inhalt mager,
die „Marke" macht den Kassenschlager.

Nichts ist wie Werbung heute wichtig,
ist auch die Ware eher nichtig,
die Herde trottet hinterher,
wer „Marken" trägt, der scheint halt wer!

Zehn kleine Menschen

Ein kleiner Mensch geht einsam durch die Welt
und fällt der Mensch, ist niemand da, der seinen Sturz aufhält.
Zwei kleine Menschen, die gehen Hand in Hand und wird der
eine einmal schwach, dann hält der andere stand.
Drei kleine Menschen, die waren sehr verschieden, doch Liebe
und Verbundenheit bescherte ihnen Frieden.
Vier kleine Menschen, die bauten an der Welt, doch jeder
nahm für sich ein Stück vom großen Erdenfeld.
Fünf kleine Menschen, die wollten gern bestimmen und in der
Gruppe ganz allein als erster vorne schwimmen.
Sechs kleine Menschen, die konnten nicht vertrauen und
fingen an um ihren Platz ein Mäuerchen zu bauen.

Sieben kleine Menschen, die schafften und bestellten und
hofften durch Besitz als auserwählt zu gelten.
Acht kleine Menschen, die hatten Angst um Habe und trugen
Liebe und Geduld in ihrem Herz zu Grabe.
Neun kleine Menschen, die wollten Reichtum schaffen, auf
Kosten toter Seelen, mithilfe scharfer Waffen.
Zehn kleine Menschen, die kämpften um den Sieg. Es siegte
Egoismus, denn niemals siegt der Krieg.
Viele kleine Menschen, die machten blutig Beute und wenn sie
nicht gestorben sind, dann leben sie noch heute.

Am Teich

Ein Frosch saß faul und ziemlich matt,
von zwei, drei Fliegen leidlich satt,
am Teich den lieben langen Tag
mit seinem monotonen „Quaak".

Er jammerte: „Ich kann nur dass,
ich wünschte, da wär´ sonst noch was".
Ein Vogel piept: „Du Tagedieb,
auch mir bleibt nur mein kleines „Piep".

Von weitem tönt es: „Ganz genau,
auch ich hab´ nur mein dummes Wau"!
Ein Hund saß da auf einem Stein
und stimmte mit ins Jammern ein.

Die Mücke sprach mit leisem Summen:
„In Wahrheit sind nur wir die Dummen,
sind ungeliebt bei Mensch und Tier
und können letztlich nichts dafür".

Doch eine Katze, die dort spielte
und hungrig nach dem Fröschlein schielte,
die rief den Vieren zu am Teich:
„Ich bin euch nicht im Jammern gleich"!

Dann sprang sie ab mit einem Satz
und schon war leer des Frosches Platz.
Das Vöglein hatte plötzlich lieb
sein Leben und sein kleines „Piep".

Auch Hund und Mücke lernten eben
zu schätzen Hund- und Mückenleben.
Nur für den Frosch mit seinem „Quaak",
war dies ein wirklich schlechter Tag.

Ein weiser Karpfen schaute stumm
und dachte: „Klagen ist doch dumm"!
Er hielt sein Maul, drosch keine Phrasen
und machte weiter fröhlich Blasen.

Sommernachtsschrecken

Hein liegt im Bett, vom Tagwerk matt,
den Magen voll und rundum satt,
sein Geist will schlafend nun verstummen,
da hört er plötzlich leises Summen.

Mal nah, dann wieder aus der Ferne,
die, die da summt, hat keiner gerne.
Hein weiß: Es ist vorbei mit Ruh´,
steht auf, macht Tür und Fenster zu.

Das Licht an, es beginnt die Suche,
statt Schnarchen hört man sein Gefluche.
Da sitzt das Biest, Hein schleicht sich an,
hat kein Talent zum Jägersmann.

Ein kurzer Schlag, doch viel zu spät,
die Mücke hat es weggeweht.
Hein folgt ihr mit den Augen nach,
ist mittlerweile zornigwach.

Doch ist der Sauger zu behände,
nutzt klug die Tarnung bunter Wände.
Hein gibt nicht auf, doch nach zwei Stunden,
hofft er, die Mücke sei verschwunden.

Legt sich zum Schlaf mit bösem Brummen,
da plötzlich wieder – leises Summen.
Hein zieht die Decke bis zum Kinn,
legt sich, zwecks Falle, seitwärts hin.

Sein Schweiß rinnt bald in kleinen Bächen,
beginnt auch diese List zu schwächen.
Als Köder dient die nackte Wange,
Hein hört den Landeanflug bange,

schlägt sich voll Inbrunst ins Gesicht.
Hell leuchtet ihm der Sterne Licht,
die er nach diesem Schlag gesehen,
die Mücke hört er Runden drehen.

Weg mit der Decke Zoll für Zoll,
Hein denkt: „Du Vieh, dann saug dich voll"!
Er fügt sich mit Ergebenheit,
stellt Opferblut besiegt bereit.

Die Souvenirs der Nacht voll Schrecken
sind viele dicke rote Flecken.
Hein ist zerstochen, müde, matt,
doch auch die Mücke ist nun platt.

Voll Blut flog sie im Sonnenschein,
dem Rächer in den Weg hinein.
Durch schnelles Klatschen beider Hände
kam unerwartet noch ihr Ende.

In mancher Stunde seines Lebens
trotzt man dem Schicksal wohl vergebens,
was nachts dient´ Hein als Einschlafbrücke,
gilt morgens, tot, auch für die Mücke.

Leb wohl

Du hast mich durch die Welt getragen,
an guten wie an schlechten Tagen.
Am Anfang hast du mich gedrückt
und später jeden Tag beglückt.

Du schütztest mich vor Stolpersteinen,
den riesig großen, spitzen kleinen,
du wärmtest mich, war mir eiskalt,
ich hoffte, ich würd´ mit dir alt.

Nie hast du dich bei mir beschwert,
nie gegen den Geruch gewehrt,
du warst nur einfach immer da,
wie niemand täglich mir ganz nah.

Wie oft hab ich dich stark beschmutzt
und selten einmal rein geputzt.
Gelassen nahmst du dieses hin,
nichts Böses kam dir in den Sinn.

Du warst bei mir auf allen Wegen,
das wir uns trafen war ein Segen,
doch langsam wirst du spröde, alt
und von zerbrechlicher Gestalt.

Nun steh ich hier an deinem Sarg,
weil deine Sohle nicht mehr mag.
Mach schnell die graue Tonne zu,
leb wohl, mein heiß geliebter Schuh!

Am Sterbebett

Die letzte Stunde war gekommen,
man stand begossen und benommen,
am Sterbebett von Otto D.
und jammerte o weh, o weh.

Es kamen Kinder, Onkel, Tante
und fast vergessene Verwandte,
mit Trauermiene saß man dort,
an Otto´s trübem Sterbeort.

Es beugten sich die weißen Nacken,
ein manches Tränlein netzte Backen,
ein Schluchzen folgte ab und zu,
gefolgt von würdevoller Ruh´.

Doch kurz nur hielt das Jammern an,
voll Gier beriet man sich sodann,
wie man das Erbe wohl verteile,
da Otto nicht mehr lange weile.

Am Sterbebett kam es zum Streit,
egal war plötzlich Otto´s Leid,
da schlug er auf die Augen heiter
und lebte trotzig lange weiter.

Zappenduster

Zapp, ein Koch in Weiß schält Nüsse,
Zapp, ein Räuber stirbt durch Schüsse,
Zapp, ein Kind schreit Mutter an,
Zapp, im Kugelhagel stirbt ein Mann,
Zapp, ein Auto explodiert,
Zapp, ein Dieb wird abgeführt,
Zapp, ein Vater schlägt sein Kind,
Zapp, ein Mensch kocht Fleisch vom Rind,
Zapp, ein Banksafe explodiert,
Zapp, ein Pudding wird serviert,
Zapp, wo warn sie Dienstagmorgen,
Zapp, die Nanny löst die Sorgen,
Zapp, zehn Sender zeigen Tatort,
Zapp und zehn, wie man ein Huhn schmort,
Zapp, es explodiert ein Haus,
Zapp, der Kuchen kriegt Applaus,
Zapp, ein Mensch wird eingelocht,
Zapp, ein Suppenhuhn verkocht,
Zapp, ein Model fällt vom Steg,
Zapp, ein Kind kommt ab vom Weg,
Zapp, ein Mensch zerschnippelt Leichen,
Zapp, Entführer schnappt sich Reichen,
Zapp, ein Kunstwerk wird gestohlen,
Zapp, schnell weiter, Dieter Bohlen,
Zapp, wer wird wohl Millionär,
Zapp, ein Mörder sticht mit Speer,
Zapp, ein Schnitzel wird gewendet,
Zapp, ein Leben früh beendet,
Zapp, die Post geht ab im Bett,
Zapp und dafür GEZ?

Mengenlehre

Viertausendzweihundert pro Stunde
ist die Herzschlagsdurchschnittsrunde,
doch Herz zu zeigen einmal nur
ist meistens ewiger Natur.

Verkehrspolitik

Am Morgen, presseblitzlichtfleißig,
rief er: Gefahr für Kinder, 30!
Am Abend wurde er geblitzt,
weil er dort selbst mit 70 flitzt.

Kissenschlacht

Herr K. fährt pfeifend vor sich hin,
die Sonne wärmt ihm Herz und Sinn.
Zum Supermarkt führt ihn die Fahrt,
weil man beim Bettbezug dort spart.

So hat es ihm die Frau gesagt
und ihn zum Aldi hingejagt.
Das sei nicht einfach, warnt sie ihn.
Für Frauen, lacht er vor sich hin.

Viel schwerer scheint ihm heute Morgen,
sich einen Parkplatz zu besorgen,
er wundert sich, erst fünf vor acht,
was hat den Parkraum knapp gemacht?

Er schaut zum Laden, sieht davor,
ein Frauenheer vorm Eingangstor.
Nachdem er einen Parkplatz fand,
stellt er sich an der Meute Rand.

Was kann es denn nur Gutes geben,
dass Massen heut zum Aldi streben,
so fragt sich K., ein scheuer Mann
und hört sich Kommentare an.

Die eine spricht zur andren Frau:
„Mein Gott, die nehmen es genau,
es ist doch jetzt schon eins vor acht,
warum wird denn nicht aufgemacht“?

Es kommt der Leiter der Filiale
und öffnet, wie schon viele Male,
den Ungeduldigen davor,
das Einkaufstempeleingangstor.

Herr K., noch müde, fast am Pennen,
verschläft den Start beim Wühltischrennen.
Sein Einsatz war nicht gut genug,
beim Kampf um einen Bettbezug.

Man tritt ihn unten, stößt ihn oben,
man hört ihn fluchen, stöhnen, toben,
jedoch Herr K. hat keine Chance,
auf Silber, Gold, nicht mal auf Bronze.

Er sieht es ein, er hat verloren
und handelt völlig unverfroren,
greift flugs in einen Einkaufswagen,
in dem schon Bettbezüge lagen.

Er saust zur Kasse mit dem Stück,
doch bringt Betrug halt niemals Glück.
Die Maße, liest er ganz verwundert,
sind falsch, er braucht doch längs 200.

Jetzt schnell zurück ins Kampfgeschehen,
doch niemand ist dort noch zu sehen
und K., der schaute traurig, stumm,
auf einem leeren Tisch herum.

Die wahren Helden sind wohl Frauen,
die jede Woche neu sich trauen,
trotz Tränen, Blut und Atemnot,
zu kämpfen um ein Angebot.

So dachte K. in einer Tour,
als bettzeuglos er heimwärts fuhr.
Und seine Frau, ganz ohne Lügen,
ist schwer in seiner Huld gestiegen.

Internet

Einkauf übers Internet
Macht Kunden und Konzerne fett.

Suchspiel

Es ist ein felsenfester Bund,
das, was du suchst, wird nicht zum Fund.
Doch findest du, es ist zum Fluchen,
grad jenes, was du nicht am Suchen.

Die traurige Geschichte von Do – Ping

Do – Ping, der war als Kind schon schnell,
viel schneller als die meisten.
Er konnte durch Talent und Kraft
mehr als Rivalen leisten.

Do – Ping, der wurde aufgebaut
und machte reichlich Kohle,
schnell stieg er auf zum Superstar,
die Menschheit braucht Idole.

Do – Ping, war ab und an verletzt,
dann spritzte man ihn fit.
Denn auf dem Wege zum Olymp,
da macht man alles mit.

Do – Ping stieg auf den Gipfel zu,
doch noch hob er nicht ab.
Mit allem wurde er versorgt
und machte niemals schlapp.

Do – Ping, der drückt, schluckte, trank,
wen kümmern schon Verbote?
Sponsoren standen Schlange bald
und täglich stieg die Quote.

Do – Ping war irgendwann am Ziel,
stand einsam an der Spitze.
Wein, Weib, Gesang und Luxus pur
im Presselichtgeblitze.

Do – Ping, der mit dem Sportlerherz
und mit der vielen Kohle,
trat ab, als er ganz oben war,
die Menschheit braucht Idole.

Do – Ping, der starb schon kurz darauf,
noch ziemlich jung an Jahren,
doch bald schon wird der nächste Klon
in seinen Spuren fahren.

Do – Ping, geendet als Produkt,
geopfert für viel Geld,
bekam ein Denkmal, hochhausgroß,
denn Schein beherrscht die Welt.

Do – Ping, ein Vorbild dieser Zeit,
streift ruhelos umher,
den jene Geister, die man rief,
die bremst wohl niemand mehr.

Internet 2

In Internet saust hin und her,
im Datenautobahnverkehr,
der Mensch, der in ist und modern,
per Mausklick täglich nah und fern.

Es mailt, er simst ununterbrochen
den ganzen Tag wird nicht gesprochen,
und wird der Strom mal abgedreht,
da fragt er, wie ein Buch aufgeht?

Umweltverschmutzung

In Galaxis 3 auf Osis
rätseln Wissenschaftler stumm,
ihre Sonde sandte Bilder:
Planet mit gelbem Sack drumrum.

Doppelmoral

Vom Arbeitsplatz, da geht was mit,
das ist zwar nicht der große Hit,
doch weil das letztlich viele tun,
wird mancher gegen Schuld immun.

Das Leben ist halt viel zu teuer,
ein Mensch, der mogelt bei der Steuer,
doch weil das letztlich viele tun,
wird mancher gegen Schuld immun.

Läuft es mal schlecht in einem Laden,
dann gibt es den Versicherungsschaden,
doch weil es letztlich viele tun,
wird mancher gegen Schuld immun.

Ein Kicker gibt den Schwan, der stirbt,
was für Betrug und Täuschung wirbt,
doch weil es letztlich viele tun,
wird mancher gegen Schuld immun.

Finanzwelt schröpft den kleinen Mann,
damit die Börse boomen kann,
doch weil es letztlich viele tun,
wird mancher gegen Schuld immun.

Entwürdigung, Entblößung, Zoten,
Millionen steigern Senderquoten,
doch weil es letztlich viele tun,
wird mancher gegen Schuld immun.

Und ist es irgendwann genug,
zerstört Gesellschaft durch Betrug,
dann hält sich manches reiche Land
zum Stammtischglück den Asylant.

Im Regenbogenland

Die Königstochter Karoline,
verließ mit todesernster Miene,
die Kirche nach Besuch der Messe
und traf auf eine Menge Presse.

Grad als sie durch die Türe strebte
und Paparazzis neu belebte,
ging ihr ein kleiner Nieser flitzen,
zur Freude aller Zeitungsfritzen.

Prinzessin Karo sterbenskrank?
So fragte eine Zeitung bang.
Das Schicksal beutelt Königshaus!
So schrie die nächste es heraus.

Professor Dr. P. aus Rahden
befürchtet schweren Lungenschaden!
Die Ärzte haben aufgegeben,
so endet Karos kurzes Leben.

Das goldene Blatt schrieb: Es steht fest,
Prinzessin stirbt an Lungenpest.
Man las es bald im Internet:
Prinzessin liegt im Sterbebett.

Die „Bild" schoss dann den Vogel ab:
„Die Königstochter kurz vorm Grab"?
Es bleiben ihr wohl nur noch Stunden,
so suggerierte man den Kunden.

Doch bald trat Neues an die Stelle
der „Königstochter-stirbt-bald-Welle"
und niemand fragt jetzt nach dem Grund,
dass sie noch lebt und – kerngesund!

Vom Ende betrachtet

Wenn einer geht, dann hält man meist,
recht fromme Trauerreden.
Und selbst der größte Feind erfährt:
Er war geliebt von jedem.

Doch hölzern sind die Bohlen meist,
auf denen Särge liegen
und so besteht das Risiko,
dass sich die Balken biegen.

Die Liebe hinterlässt die Spur,
lässt Ewigkeit erfahren,
sie ist der Datenbindestrich,
in mitten von zwei Jahren.

Drum lebe so, dass irgendwann,
beim letzten Grabgeläut,
nicht einer nur am Grabe steht,
der sich von Herzen freut.

Schaumschläger

Per Zufall treffen sich am Tresen,
zwei, die sich früher nah gewesen.
Nach drei, vier Korn und drei, vier Bier,
da öffnen sie die Seelentür.
Das Hirn, vom Alkohol umgeben,
erzählt man sich sein Heldenleben.
Herr A. ist jeden Tag auf Reisen,
bewegt sich in illustren Kreisen.
Herr B. trägt schwere Arbeitslast
und ohne ihn geht gar nichts fast.
Herr A. fährt einen Firmenwagen
voll Stolz an allen Arbeitstagen.
Wenn B. mal fehlt, geht gar nichts mehr,
denn niemand arbeitet wie er.
Zu später Stunde, beide blau,
da weiß der Wirt es ganz genau.
Hier haben sich heut zwei getroffen
und sich das Leben schön gesoffen.
Denn A. ist Bote bei der Post
und B. Malocher, Bahnhof Ost.
Ein jeder möchte wichtig sein
und nicht grad unscheinbar und klein,
das haben zwei sich vorgemacht
und nicht den nächsten Tag bedacht.
Es plagte sie ein Riesenkater,
sie fehlten und es gab Theater.
So straften sie sich selber lügen,
man muss mit Worten nicht betrügen,
denn wichtig ist auf Erden jeder,
dreht er auch nur ganz kleine Räder.

Unverhofftes Wiedersehen

Ein Mensch schaut einem ins Gesicht
und fragt sich: Kenn ich den denn nicht?
Legt sich die Worte schon bereit
zu suhlen sich in alter Zeit.

Der Andre denkt: Den kenn ich doch,
wie wunderbar, dann lebt er noch.
Schon kramen beide im Gehirn,
zu spinnen den Gedankenzwirn.

Jedoch die Spulen klemmen schwer,
die Speicher geben nicht viel her.
Das Lebensbuch ist überfüllt,
was die Erinnerung verhüllt.

Schon senkt sich zu der beiden Leid
ein Vorhang vor die alte Zeit.
Es schwinden alle Anekdoten
im Rachen der Gehirncoyoten.

Was soll ich reden, denkt der eine,
der andere schweigt wie die Steine.
Das Treffen wird rasch neu gewichtet,
weil jeder seinen Blick fort richtet.

So gehen zwei sich aus dem Weg
und dienen Menschheit als Beleg:
Der Vorteil Freunde neuer Zeit,
man braucht nicht die Vergangenheit.

Die Treffen sind ganz zwanglos, netter,
man redet harmlos übers Wetter,
begibt sich nie auf dünnes Eis,
wenn man nichts zu erzählen weiß.

Kleine Nachtmusik

Ein Mensch, der bettet sich zur Ruh,
doch kaum hat er die Augen zu,
da schüttelt ihn schon eine Hand.
„Du schnarchst", hört er, „dreh dich zur Wand".

Er dreht sich stöhnend auf die Seite
und nutzt die ganze Bettenbreite.
Der Schlaf jedoch, der kommt nicht wieder,
der Mensch lauscht nun zur Frau hinüber.

So liegt er traumlos und hellwach,
denn seine Gattin macht nun Krach.
Erst hat sie leise nur gefiept,
dann wie ein Meisenpaar gepiept.

Danach begann sie Holz zu sägen
gefolgt von Donnerschlag und Regen.
Dann schien ihn Ruhe einzuhüllen,
doch plötzlich lautes Löwenbrüllen.

Er schüttelt kurz an ihrer Decke:
„Entschuldige, dass ich dich wecke".
Die Frau wird ruhig, der Mensch schläft ein,
grunzt etwas später wie ein Schwein.

So geht es hin und her die Nacht,
am Frühstückstisch wird nicht gelacht,
denn müde von der Nachtarbeit
tut jeder brummelnd selbst sich leid.

Die Zwei, trotz eingenähter Kegel,
trotz Kürzung auch der Gaumensegel,
erlebten Nächte immer schlimmer,
bis jeder schlief im eignen Zimmer.

Jetzt stehen beide neu in Flammen,
seitdem sie nächtens nicht zusammen.
Es gilt für Bettler wie Monarchen:
Ein Liebeskiller ist das Schnarchen.

Nackte Wahrheit

In die Duschen oder Wannen
lässt man uns bei Werbung spannen.
Selbst die Frau beim Käse essen,
trägt Bekleidung knapp bemessen.

Parfüme präsentiert verrucht
eine Schöne, knapp betucht.
Bier und Sekt für Mund und Geist
fließen über Nackte meist.

Auf den Autos sitzen Damen,
denen sie die Kleider nahmen.
Wurst und Fleisch von Schwein und Kalb
bewirbt man angezogen halb.

Selbst Kartoffeln und Melone
preisen Menschen an, fast ohne.
Irgendwann erkennt man dann,
wie uns Werbung ködern kann.

Mit Kaufen ist des meistens Schluss,
wenn man verschämt erkennen muss:
Hat man das alles eingepackt,
ist man finanziell ganz nackt.

Das Spiel des Jahres

Die Spieler treten auf das Feld,
vom Schiri sorgsam abgezählt.
Er schreitet mit dem Ball zur Mitte,
zum Anstoß nach des Fußballs Sitte.

Ab da beginnt das alte Spiel,
mit Punkten, Meisterschaft zum Ziel.
Schon fällt bereits das erste Tor,
ein Trainer schnellt entsetzt empor.

Der andere, er schnellt ebenso,
doch jener, weil er eher froh.
Die erste Hälfte ist vorbei,
jetzt steht es gar schon null zu zwei.

In der Kabine wird taktiert,
gesucht, was wohl zur Wende führt.
Der eine Trainer spricht ganz leise,
der andere grob, in lauter Weise.

Dann heißt es „raus" zu Halbzeit zwei,
nichts ist verloren, nichts vorbei.
Auch Fans beginnen neu zu brüllen
und sich den Bauch mit Bier zu füllen.

Die Trainer wechseln je nach Lage
und lösen so die Taktikfrage.
Am Ende heißt es unentschieden,
man trennt mit Handschlag sich in Frieden.

Reporter stellen leere Fragen
an Spieler, die nur Leeres sagen.
Auch Trainer fragt man ohne Sinn:
War heute denn der Sieg nicht drin?

Der Platz war schlecht, der Schiri blind,
schreit der, der einmal nicht gewinnt.
Doch beim Ergebnis Unentschieden,
herrscht allerorten tiefer Frieden.

Gemeinsam trotz man jedem Frager,
lobt Plan und Mut vom Gegenlager.
Bei Fragen nach dem nächsten Ziel,
sagt man, man denkt von Spiel zu Spiel.

Genau das wollen wir doch hören,
da kann uns nicht ein Misston stören.
Den echten Mann, ganz ohne Phrasen,
erregt ein Ball auf grünem Rasen.

Und selbst, wer nicht dabei gewesen,
kann morgen in der Zeitung lesen,
es war halt, wie es immer war,
das „beste Fußballspiel im Jahr."

Nur eines wollen wir nicht sehen,
dass Fans sich an die Gurgel gehen,
dass Zoten durch das Stadion schallen
und Pyrotechniksachen knallen.

Wer Fußball ganz von Herzen liebt,
der registriert sehr tief betrübt:
Das Spiel mit Ball und großem Spaß,
wird zum Ventil für Menschenhass.

Die Masse die das gar nicht will,
steht auf und hält nicht länger still.
Lässt die Idioten, die nur raufen
gemeinsam in das Abseits laufen.

Rassismus wollen wir nicht haben
und keinen Müll auf Rasennaben.
Wir wollen schöne Spiele sehen
und friedlich dann nach Hause gehen.

Zwangsrecycling

Ein Mensch, der nie sein Dorf verlässt,
muss in die Stadt sich wagen,
die Hose, die er immer trägt,
kann er so nicht mehr tragen.

Der Stoff ist morsch und ausgefranst,
der Reißverschluss, der klemmt,
er macht sich seufzend auf den Weg,
zum Beinkleidkauf und Hemd.

Mit Taschen voller Geld gefüllt
verlässt er sein Zuhause,
im ersten Laden steht ein Schild:
Wir machen gerade Pause!

So macht er sich zum nächsten auf,
auch hier kein Mensch zu sehen,
darum beginnt er schon einmal,
die Ständer abzugehen.

Der Mann, der gern Beratung hätte,
nimmt sich drei Hosen mit.
Probiert sie an, zu klein, zu weit,
und eine zwickt im Schritt.

Ganz kurz taucht ein Verkäufer auf:
„Bin gleich für sie bereit"!
Ein anderer kämpft mit dem Computer:
„Hab leider keine Zeit"!

Der erste, der zuvor versprach,
er komme wirklich gleich,
spricht, als der Mensch nach Hosen fragt:
„Das ist nicht mein Bereich.

Ich schicke ihnen gleich Frau M.,
die kennt sich prima aus"!
Nach zehn Minuten denkt der Mensch:
„Frau M. scheint nicht im Haus".

Ein Mann verbittert immer mehr,
nimmt sich drei neue Hosen,
die erste kratzt, die zweite klemmt,
die dritte riecht nach Rosen.

Er holt vier neue, bringt sie fort,
vom Schweiße überströmt,
als plötzlich in die Quälerei
ein lauter Gong ertönt.

„Wir hoffen sehr, sie konnten hier
den Service sehr genießen,
doch weisen wir nun daraufhin,
dass wir in Kürze schließen".

Ein Mensch fährt in sein Dorf zurück,
hat keine Hose leider
und brachte noch am selben Tag
die alte flugs zum Schneider.

Wegweiser

Der Mensch, der ist nicht dumm.
Steht Gott in seinem Weg,
dann geht er drum herum.
Doch weise Menschen werden sehen,
das Glück ist mit ihm mitzugehen.

Später Ruhm

Ein Mensch, vom Malen keinen Dunst,
entdeckt im Alter diese Kunst.
Malt Blumen, Tiere, Beine, Hände
auf viele hundert Bildleinwände.

Betrachter sehen voller Qual,
des Laien Werke hoher Zahl,
doch Qualität kommt nicht von viel,
der Mensch hat einen schlechten Stil.

Kein Gegenstand war vor ihm sicher,
er malte ihn, ging ran wie Blücher.
Es hingen bald in allen Räumen,
Portraits von Menschen, Tieren, Bäumen.

Voll Eile schafften seine Hände,
schon ahnend: Bald kommt wohl mein Ende,
um auf den vielen bunten Bildern,
der Nachwelt seine Sicht zu schildern.

Ein paar Mal hat er sich getraut
und seine Werke aufgebaut,
auf Künstlermessen und in Banken,
doch wies man spottend ihn in Schranken.

Der Tod, der schickte einen Gruß
und machte seinem Dasein Schluss.
Die Witwe saß auf Bilderhaufen,
sah keinen Weg sie zu verkaufen.

Doch traute sie sich mit zwei Bildern,
auch um die Trauer abzumildern,
auf einen kleinen Flohmarktplatz
und präsentierte ihren Schatz.

Dort sah ein Mensch die Farbenpracht
und hat vor Freude laut gelacht.
Der Kunsthistoriker erkannte,
das Feuerwerk, das darin brannte.

Sofort erstand er beide Werke
hoch lobend ihre Ausdrucksstärke.
Das hat die Witwe sehr verwundert:
Sie sprach: „Ich habe noch zweihundert“.

So kam es spät zum Happyend,
der Käufer wurde Kunstagent
und nach dem ersten Trauerjahr,
da wurden sie ein Ehepaar.

Die Anerkennung, früh ersehnt,
zu Lebenszeiten abgelehnt,
kommt oftmals erst, wenn Menschen sterben,
das freut auf jeden Fall die Erben.

Die Reichen, die im Penthouse wohnen,
die zahlten für ein Bild Millionen.
So kam der späte Ruhm in Fahrt,
post mortem a la „Modern Art".

Nur jener Mensch, der alles malte
und seine Pinsel selbst bezahlte,
der liegt vermodernd, stumm im Grab,
weil er als armer Künstler starb.

Es hängt ein Bild in mancher Stube,
des Menschen dort in jener Grube,
zeitlebens malend unverblümt,
jedoch als Geist erst hochberühmt.

Das Leben, angeschaut bei Licht,
schenkt manchmal, was man möchte, nicht.
Doch steigt die Existenz im Wert,
wenn man der Welt den Rücken kehrt.

Eitelkeit

Im Haus mit Spiegelfensterfront,
in dem die Macht des Geldes wohnt,
hat im Parterre ein Büro,
der Angestellte Friedhelm O.

Ob blond, ob schwarz, ob rot die Frau.
Der Friedhelm sah es ganz genau,
voll Sehnsucht blickten sie herein,
er schien der Sehnsucht Ziel zu sein.

Die Erste schürzte ihren Mund,
die Zweite machte Augen rund.
Die Dritte schenkte ihm ein Lächeln,
die Vierte ließ die Wimpern fächeln.

So stylte Friedhelm sich tagtäglich,
hielt Artgenossen für recht kläglich,
sich selbst sah er als schönen Mann,
dem keine widerstehen kann.

Doch dann fiel jener eitle Gockel,
beim Blick von Außen schnell vom Sockel.
Denn keine war je auf ihn wild,
sie liebten nur ihr Spiegelbild.

Endlich fit

Ein Zeitgenosse will sich trimmen,
durch Laufen, Tanzen, Radeln, Schwimmen.
Ein Sportshop ist das erste Ziel,
dort kauft er teuer ein und viel.

Mit Markenschuhen an den Haxen
spürt er schon fast die Muskeln wachsen.
Der erste Schritt ist nun getan,
ab morgen fängt die Fitness an.

Mit Messgeräten und Lektüre,
wie man den Körper eisern führe,
versieht er sich am nächsten Tag -
bereits das Lesen macht ihn stark.

Sodann schaut er nach „Outdoor" Sachen,
auch draußen will er fit sich machen
und kauft sich flugs zwei Tage später,
noch Rennrad, Rollschuh, Inline-Skater.

Auch Markensachen müssen sein,
denn dann erst zählt man zum Verein,
der deutliche Signale gibt:
Hier ist ein Mensch, der Fitness liebt.

Ein Trainingsraum wird eingerichtet,
die Süßigkeiten müllvernichtet,
danach fühlt sich der Mensch famos
und schwört, ab morgen geht es los.

Am ersten Tag des Menschen Streben
nach einem sportgerechten Leben,
blockieren Füße, Beine, Hände,
Geschäftstermine ohne Ende.

Der Zweite ist der wahre Graus,
der Mensch kommt voll gestresst nach Haus
und schafft es gerade noch so eben,
die Fernbedienung anzuheben.

So ging ein Monat fast ins Land,
in der er nicht die Muße fand,
zu nutzen, was er angeschafft,
dazu war er zu abgeschlafft.

Es folgte auch so manche Fete,
gar einsam standen Trimmgeräte.
Statt isotonischer Getränke
trank er viel Bier in mancher Schänke.

Der Mensch, er machte, ungelogen,
um die Geräte große Bogen,
beschloss, sie schnellstens zu verkaufen,
zur Not blieb ihm ja noch das Laufen.

Er ärgert sich mal laut, mal leise,
denn Interessenten drückten Preise.
So blieb ihm letztlich großer Frust
und finanzieller Großverlust.

Den Muskelwuchs hat er verweigert,
doch Wirtschaftswachstum schon gesteigert,
nie wieder brennt das Fitnessfeuer,
der Sport, der ist dem Mensch zu teuer!

Das grünere Gras

Ein Mensch schaut sehnsuchtsvollen Blickes
in einen Festtagsaal,
die Einsamkeit in seiner Wohnung
wird täglich ihm zur Qual.

Wie gerne würde er dort feiern,
bei Tanz, Gesang und Wein,
mal wieder seine Seele wärmen,
jedoch er bleibt allein.

Ein Mensch schaut hoch zu jenem Fenster,
aus jenem Festtagssaal,
wie gerne würde er doch tauschen,
ihm ist das Fest nur Qual.

Zu laut, zu warm, wie schön es wäre
im Zimmer ganz allein,
beneidet er den Mensch dort oben,
fühlt sich als armes Schwein.

So ist es wohl im wahren Leben
und das bereitet Qual,
sieht man das Grün auf Nachbars Wiese,
erscheint die eigene kahl.

Das Spiel wird ihnen präsentiert …

Der Sport ist heute fest verbunden
mit geldpotenten Werbekunden.
Die Spiele Liga eins und zwei
serviert die größte Brauerei.

Schon früh erfährt ein jedes Kind,
wie nah sich Bier und Fußball sind.
Man suggeriert, die wahre Kraft
bekommt man erst durch Gerstensaft.

Wer ehrlich ist, benennt das Ziel,
Konsum zu steigern durch das Spiel,
solange nicht die Kundschaft streikt
und Suff die rote Karte zeigt.

Man muss ganz einfach anerkennen,
Kommerz und Spiel sind nicht zu trennen.
Selbst auf den Trikots wird gelogen,
denn dort stand: Keine Macht den Drogen!

Methusalem

Ein Mensch, der täglich Knoblauch isst,
der lebt 5 Jahre länger,
doch dafür riecht er in der Zeit
als Mitmensch etwas strenger.

Olivenöl, oft angewandt,
kann Speisen Würze geben.
5 Jahre fügt man so hinzu,
zu eines Menschen Leben.

Kombucha ist der Zaubertrank
sehr vieler Asiaten,
ein Glas pro Tag lässt Bruder Tod
5 Jahre länger warten.

Der grüne Tee, für alles gut,
den trinke literweise,
5 Jahre ist der Bonus dann
auf deine Lebensreise.

Auch Ginseng nehme täglich ein,
für Nägel, Knorpel, Haare,
das gibt dir Kraft und außerdem
5 Lebenszusatzjahre.

Aus Artischocken der Extrakt
lässt Zellen fitter bleiben.
Du kannst auf deine Lebenszeit
5 Jahre gut dir schreiben.

Der Weißdornsaft soll jeden Tag
durch deine Kehle fließen,
schon siehst du an dem Lebensbaum
5 Jahre weiter sprießen.

Wer Wasser trinkt und sportlich lebt,
so dreimal in der Woche,
der sinkt 5 Jahre später erst
in Grabes dunkles Loche.

Acht Stunden Schlaf sind optimal,
die soll man täglich kriegen,
wer das beherzt, der wird der Zeit
5 Jahre noch zufügen.

Hört dann der Mensch das Rauchen auf,
trotzt Alkoholgefahren,
dann kommt der letzte Atemzug,
statt bald erst in 5 Jahren.

So kann man es, wenn man es glaubt,
in bunten Blättern lesen.
Das stärkt Gesundheit, aber auch
Verlags- und Zeitungswesen.

Der Durchschnittsmensch wird 80 alt,
kommt obiges hinzu,
erfährt er erst mit 130
die wohlverdiente Ruh´.

Es drehen sich Gedanken dann
rund um die Angst ums Leben,
dabei wird Gott genau die Zeit
für seine Pläne geben.

Nur für die große Würmerschar,
das darf man nie vergessen,
dient der, der nur den Körper pflegt,
als kerngesundes Essen.

Am Fenster

An einem Hochhausfensterglas,
an dem ein Regentropfen saß,
da zeigte sich in hellem Licht
des wahren Lebens Angesicht.

Sehr öde fand er dort das Leben.
„Es muss doch besseres noch geben".
So rief der Tropfen voller Wut,
dann packte ihn der Übermut.

Er sprach: „Hört endlich auf zu pennen,
wir machen Regentropfenrennen".
Sogleich ergriff er einen zweiten,
um mit ihm bodenwärts zu reiten.

Sie zogen eine feuchte Bahn
und auch manch anderer fing an,
die Fensterfront hinabzurinnen
um jenes Rennen zu gewinnen.

Schon nahte eine Fensterbank,
der Tropfen zögerte nicht lang´
und sprang im Siegeshochgefühl
auf das vermeintlich nahe Ziel.

Dort rutschte er bis an den Rand,
wo sich ein weiterer Tropfen fand,
gemeinsam stürzten sie hinab
und fanden dort ihr nasses Grab.

„Nur kurz gelebt, doch intensiv“,
war, was der Regentropfen rief.
„Ach säße ich noch an der Scheibe“,
wünscht sich der andere alte Bleibe.

Das Leben ist mal Glück, mal Leid,
hat gute und hat schlechte Zeit.
Du fragst: „Was soll mir das denn sagen“?
Hab Mut und trau dich was zu wagen!

Der große Gleichmacher

Ein Wurm, der traf auf eine Leiche,
in einem Sarg von teurer Eiche.
Durch feinste Stoffe fraß er sich,
trieb Völlerei, ganz liederlich.

Für ihn war das das Paradies,
indem er Nachwuchs hinterließ.
Dann machte er sich auf die Reise,
zu suchen eine neue Speise.

Bald fand er, links und etwas tiefer,
noch einen Sarg, jedoch aus Kiefer.
Dort lag ein Mensch im Armengrab,
weil jener auf der Straße starb.

Dem Wurm war dieses schnurzegal,
ihm ging es um das nächste Mahl.
Er pfiff auf arm sein oder reich,
im Tod, da waren alle gleich.

Morgenwind

Herr B., im Fahrstuhl unter vielen,
die stoisch auf ihr Handy schielen,
bemerkt, sein Gas in Eingeweiden,
lässt, wenn er´s hält, ihn mächtig leiden.

Er kneift den Po ganz fest zusammen,
mit Muskeln, die vom Joggen stammen,
entlässt die Luft ganz kontrolliert,
was kurz zu einem Ploppen führt.

Die anderen in jenem Raum,
beachten das des Anfangs kaum
und schieben dieses leise Ploppen
auf Bremsen, die den Aufzug stoppen.

Doch zwischen Stockwerk sechs und acht,
erfüllt den Raum ein Duft mit Macht,
nach Döner, Knoblauch und nach Fritten,
die wohl den Dickdarm schon durchschritten.

Ein jeder schaut den Nachbarn an,
Herr B. spielt stumm das Unschuldslamm,
beim nächsten Halt steigt alles aus,
nutzt für den Rest das Treppenhaus.

So bringt der Morgen schon Bewegung,
durch eines Darmes kleiner Regung,
die auf die Nasennerven trifft,
zurück bleibt ein verwaister Lift.

Wer schlau ist, kann hieran ersehen,
man mag es wenden oder drehen:
Die Stürme, die am schlimmsten sind,
beginnen oft mit lauem Wind.

Dorfgespräch

So manches, was ein Auge sieht
und falsche Schlüsse daraus zieht,
macht Nächste lächerlich und klein
um selber leidlich groß zu sein.

Auch K., so sei er hier genannt,
fiel den Hyänen in die Hand
und wurde, eigentlich integer,
das Synonym für Schürzenjäger.

Am Bahnhof sah man es genau,
er küsste eine blonde Frau,
die nicht die hübsche Dame war,
einst hingeführt zum Traualtar.

Die Nachbarin, die das erspähte
und zum Skandal die Sache blähte,
die gab am Nachmittag, noch leis´,
den Seitensprung des Nachbarn preis.

So ging die Story ihren Weg
und diente manchem als Beleg,
dass man nur vor die Köpfe schaut
und besser niemand recht vertraut.

Des Abends dann im Turnverein
verkam Herr K. recht schnell zum Schwein,
denn Märchen machten flugs die Runden,
von seinen vielen Schäferstunden.

Wer nicht bei Drei auf Bäumen sitzt,
dem hat die Unschuld er stibitzt,
so hieß es hinter hohler Hand,
wenn man ein Rendezvous erfand.

Sie sah ihn hier, er sah in dort,
mit mancher Frau an manchem Ort,
zuletzt hieß er nur Don Juan,
bei Jung und Alt, bei Frau und Mann.

Die beste Freundin von Frau K.,
die schon die Scheidung kommen sah,
beendete den Lügenreigen
um Solidarität zu zeigen.

Frau K. bekam sich nicht mehr ein,
verspottete den Dorfverein,
denn jener blonde Vamp der war:
die jüngste Schwester von Herrn K.

„Das habe ich doch gleich gewusst",
sprach mancher Wendehals voll Frust,
„der K., das ist ein guter Mann,
der keine Fliege töten kann"!

Man grüßt ihn freudig, ohne Scham,
auch wenn man ihm die Ehre nahm.
Wenn kümmert schon Geschwätz von gestern?
Der schönste Sport ist nun mal Lästern.

Schnäppchenjäger

Ein Mensch, der kauft im Angebot
fast einen Zentner Knäckebrot.
Ein Werbeblatt bedrängt ihn fleißig:
So sparen sie 4,31!

Der Mensch, statt einer Kiste Bier,
kauft er am nächsten Tage vier,
auch dort kann er 3,50 sparen,
muss er dafür auch Sprit verfahren.

Voll Freude sieht ein Mensch sodann,
ein Kaufhaus bietet Hausschuh an,
das Paar 5 Euro reduziert,
was ihn zum Kauf von vier Paar führt.

Beim Weg zur Arbeit durch die Stadt
sieht er ein Schild und ist ganz platt,
der Mantel, der ihm so gefällt,
der kostet nur das halbe Geld.

So greift er zu und nebenbei
nimmt er noch bunte Hemden, drei,
denn wer drei kauft, herabgesetzt,
kriegt eins umsonst, nur hier und jetzt.

Der Mensch, vom Sparen ganz verführt,
liest plötzlich „Knoblauch reduziert"!
Obwohl ihn niemand riechen kann,
so billig kommt er nicht mehr dran.

Er kauft der großen Netze zwei
und spart ein Eurolein dabei.
Die Welt versteht ein Menschlein nicht,
als ihm die Bank die Treue bricht.

„Kein Geld mehr da", rügt man ihn hart,
dabei hat er gespart, gespart.

Pillharmonie

Ein Fan der körperlichen Liebe
erfuhr Versagen seiner Triebe.
Doch auf Rezept bekam er dann,
was heute Männern helfen kann.

Besiegt war seine Impotenz,
ein Greis kam in den zweiten Lenz.
Viagra machte Schwächen wett,
doch neben wirkend spross das Fett.

Der Macho hatte wieder Glück,
bekam die Traumfigur zurück,
denn grad erfand man die Tabletten
zum In-drei-Wochen-schnell-entfetten.

Davon begann er stark zu zittern
und seine Psyche zu verbittern,
auch auf die Augen schlug die Pille,
der Mensch, der brauchte eine Brille.

Erneut saß er im Wartezimmer,
denn stündlich wurde es noch schlimmer.
Des Abends rief er wieder: „Viva",
beglückt durch Antidepressiva.

Die schlugen ihm sehr auf das Herz,
begleitet noch von Magenschmerz,
den er mit mehr Arznei bekämpfte,
die wiederum den Sextrieb dämpfte.

Der kunterbunte Pillenreigen
ließ in der Nacht den Blutdruck steigen,
das Herz gab sich die größte Müh´,
versagte aber in der Früh´.

Den Mensch, gestorben gestern Morgen,
ließ man als Sondermüll entsorgen.
Der Arzt fand bei der Autopsie
geballte Pharmaindustrie.

Wunschplage

Ein Wunsch, kaum ist er mal gedacht,
verfolgt bei Tag dich und bei Nacht.
Ist er erfüllt, schafft er sich dann
zwecks Heirat eine Wünschin an.
Die Wünsche werden dann nicht minder,
es kommen viele Wünschekinder.
Dann sprießen viele neue Sippen,
mit nichts als Wünschen auf den Lippen.
Statt Fliegen- oder Läuseplage
erscheinen Wünsche alle Tage.
Kaum ist der eine grad erfüllt,
hört man, wie schon der nächste brüllt.
So lassen Wünsche uns hiennieden
ein Leben lang nicht mehr zufrieden.
Mein Rat: Man soll es ruhig mal wagen,
den ersten Wunsch gleich totzuschlagen.
Weil das, bist du auch Pazifist,
der Weg zum Seelenfrieden ist.

Samstags

Es steht ein Mensch auf grünem Gras
und startet seinen Samstagsspaß.
Froh lässt er Abgaswolken wehen,
beginnt vergnügt mit Rasen mähen.
Kaum hat er eine Bahn gezogen,
mit spielerischem Schwung und Bogen,
da lässt sich auch der Nachbar sehen,
frönt ebenfalls dem Rasen mähen.
Schon bald brummt es in allen Gärten,
da werden Männer zu Gefährten.
Die kurz geschnittene Gartenzier,
bewundert man bei Korn und Bier.
Am Abend stehen auf dem Rasen
vier Männer, rot sind ihre Nasen.
Hell leuchtet das Erkenntnislicht:
Nur um den Rasen geht es nicht!

Werbesumpf

"Gutes" führte er im Schilde,
war "heut' ein König" Tag für Tag,
"Sail away" hieß die Devise
und "Bit für Bit" wurd' er erst stark.

Sein Leben wurde nass und nasser,
"gebraut mit echtem Felsquellwasser",
er kam sehr gern "mit auf den Berg"
und "Korn vom Feinsten" tat sein Werk.

Er kannte manches fremde Bier,
doch trotzdem nicht "die Welt",
"der Tag ging" oft für ihn um vier
und der, "der kam", nahm nur sein Geld.

Das "Gute, was ihm wurd' beschert",
verlor tagtäglich mehr an Wert,
dann "gönnte" er sich gar nichts mehr,
das Leben, Seele, Taschen leer...

Das "einzig Wahre", das ihm blieb,
als er dann trocken war:
Die Werbung hat den Umsatz lieb,
doch nicht die Menschenschar!

Fitnesswelle

Ein Mensch, der wollte niemals sterben
und ließ sich für die Fitness werben.
Bald sah man ihn, rot im Gesicht,
beim Stemmen von ganz viel Gewicht.

Das Lesen ließ der Mensch nun bleiben,
um jeden Abend Sport zu treiben.
Für Freundschaft fehlte ihm die Zeit,
viel lieber lief er lang und weit.

Verachtung hat der Mensch empfunden
beim Blick auf Trink- und Schlemmerrunden,
aß selbst nur Obst und Knäckebrote,
damit ihm nicht Verfettung drohte.

Er lebte darbend und asketisch,
mit Leib und Seele diätetisch,
nur selten sah man ihn noch lachen,
beim über die Gesundheit wachen.

Den lieben Gott schob er beiseite,
weil er sich seinem Körper weihte
und hoffte auf den Fitnesslohn
der neuen Menschheitsreligion.

So blieb er dünn und durchtrainiert,
von Lebensfreude unberührt,
verhöhnte Menschen, kugelrund,
doch starb er trotzdem, kerngesund!

Farbenspiel

Ein schwarzer Mensch sprach zu dem weißen,
was soll denn eigentlich farbig heißen?
Du kommst ganz rosa auf die Erde,
auf das die Haut schneeweiß dann werde.
Frierst du im Winter, wirst du blau
und rot färbt dich der Sonnenstau.
Grün ist die Farbe, ist dir schlecht
und bunt, suchst du per Faust dein Recht.
Gelb wirst du in der Krankheit Not
und grau holt dich Gevatter Tod.
Die Weißen mit den bösen Sinnen,
die sind sogar noch braun von innen.
Mir bleibt nur übrig klar zu sagen,
ich war nur schwarz an allen Tagen.
Das Leben lernte schwarz ich kennen,
wie kannst du mich grad farbig nennen?

Wo ist die Liebe hin?

Lebertran vom Walfisch, Milch vom Känguru
hätte er besorgt, für einmal „I love you"!

Schnee vom Himalaja, Korinthen aus Korinth
hätte er besorgt vor Lust und Liebe blind.

Sand aus der Sahara, den Nasenring vom Stier,
hätte er besorgt, für einen Kuss von ihr.

Das Schwanzhaar eines Löwen, vom Mars ein kleines Stück,
hätte er besorgt, für sie, sein größtes Glück.

Ein Glitzerhemd von Elvis, von Ringo Starr den Hut,
hätte er besorgt, in seiner Liebesglut.

Das Bild von Mona Lisa, Picassos Phase „Blau",
hätte er besorgt, bekäm er sie zur Frau.

Für Sprudel aus dem Keller, reicht es nun nicht mehr,
wo blieb nur die Liebe, warum sind Herzen leer?

Mengenleere

Zwei Jets, die standen stets parat,
drei Rolex strotzten vor Karat,
vier Inseln nutzte er zum Sonnen,
fünf Frauen hießen ihn willkommen,
sechs Yachten pflügten durch die Wellen,
acht Pferde standen in den Ställen,
neun Autos konnte er besteigen,
zehn Villen nannte er sein Eigen.
Ganz unerwartet kam der Tag,
da lag er nur in einem Sarg.

Sechs Falsche

Familie F. aus N. bei Lügde,
war froh als Lotto sie beglückte.
Millionenjackpot – jetzt schnell raus
aus ihrem Durchschnittsbürgerhaus.

Vorbei das Leben stinknormal,
mit Freunden in begrenzter Zahl.
Den Sechser gab man lauthals preis.
Es blähte sich der Freundeskreis.

Ferrari, Yacht, Rubine, Pferde,
kredenzte die Verkäuferherde
und wie im Feuer schwindet Schnee,
schwand auch der Reichtum peu a peu.

Voll Angst lag man in Nächten wach,
verstummte mal der Partykrach,
erschrak bei jedem kleinen Knacken
und fühlte Räuber nur im Nacken.

Herr F., vom Typ Herr eher mäßig,
begann zu trinken, wurd´ gefräßig.
Frau F., vom Kaufrausch übermannt,
hielt keiner neuen Mode stand.

Die Speisen wurden fein und feiner,
der Geldberg aber immer kleiner.
Nach kurzen dekadenten Zeiten,
begann man sich ums Geld zu streiten.

Tagtäglich gab es nun Verdruss,
sie machten miteinander Schluss,
so endete der Traum der Beiden,
in Jammer, Elend und viel Leiden.

Statt Reichtum, Jet-Set, Luxusreisen,
sind beide heute Armutswaisen.
Nun wünschen sie sich oft zurück,
ihr kleines Durchschnittsbürgerglück.

Sinnsucher

Ein Goldfisch schwamm in einem Glas
und fragte sich: „Was soll denn das?
Ich schwimme her und schwimme hin,
ist das des Lebens ganzer Sinn"?

Ein Kater saß vor jenem Glas,
der liebend gerne Goldfisch fraß.
Er schlich zum Goldfischwohnort hin,
dem Fisch zu zeigen seinen Sinn.

Der Goldfisch sah, in seinen Topf,
da schaute ein ganz großer Kopf,
mit Schnurrbarthaar und Mörderblick
und wich entsetzt zum Grund zurück.

Jedoch erwischte ihn die Tatze,
zum Boden warf das Glas die Katze,
so gingen Glas und Goldfisch hin
und auch die Frage nach dem Sinn.

Eselsohr

Ein Buch aus einer Bücherei,
nahm sich für eine Stunde frei
und hat sich auf den Weg gemacht,
zur Geisterstunde, Mitternacht.

Ein Fenster, das auf Kippe stand,
war Weg, den es nach draußen fand.
Getragen von der Rache Kraft
hat es den Flug im Nu geschafft.

Verstümmelung trieb es voran,
von einem Leser angetan.
Statt Lesezeichen bog der Tor
in Pausen stets ein Eselsohr.

Das fand das neue Buch nicht nett,
stieg in des Lesers Traum und Bett
und knickte dort ganz unverfroren
auch jenes bösen Menschen Ohren.

Nun sieht er wie ein Dackel aus
und traut sich kaum noch aus dem Haus.
Drum quäle nie zum Scherz ein Buch,
sonst kriegst auch du des Nachts Besuch.

Talkshow

Der Erste: Ja, so ist es wohl.
Die Zweite: Nein, das ist doch hohl.
Der Dritte: Ach, das geht so nicht.
Der Vierte: Doch, sie armer Wicht.

Der Erste: Wer betrügt, der fliegt.
Die Zweite: Wenn der Stammtisch siegt.
Der Dritte: Ich will auch was sagen.
Der Vierte: Einspruch muss man wagen.

Der Erste: Jetzt darf ich mal reden.
Die Zweite: Zu des Bürgers Schäden.
Der Moderator: Fairness, bitte.
Der Vierte: Schuld ist nur die Mitte.

Der Erste: Wahrheit spreche ich nur aus.
Das Publikum: Applaus, Applaus.
Der Dritte: Jetzt red ich zu Ende.
Das Publikum: Klatscht in die Hände.

Der Moderator: Zeit ist um.
Der Dritte: Schweigt und leidet stumm.
Der Zweite: Meine Herren, bitte.
Der Vierte: Schuld ist nur die Mitte.

Der Erste: Um es klar zu sagen.
Die Zweite: Harry, hol den Wagen.
Der Dritte: Da kann ich nur lachen.
Der Vierte: Erst mal besser machen.

Der Moderator: Schlusswort bitte.
Der Vierte: Schuld ist nur die Mitte.
Der Erste: Was ich sage, stimmt.
Der Zweite: Wenn man Drogen nimmt.

Der Moderator: Schön, ich danke.
Die Talkshowgäste: Rausgewanke.
Das Publikum: Applaus, Applaus.
Der Zuschauer erwacht und „AUS".

Metamorphose

Zahnzwischenräume werden breiter,
die Jeans am Hintern immer weiter.
Den Körper muss man oft enthaaren,
an Stellen, wo sonst keine waren.

Des Nachts weckt dreimal volle Blase
und rot geädert wird die Nase,
beim Gehen knacken die Gelenke,
aus Apotheken sind Geschenke.

Den Blutdruck senkt der Betablocker,
geduscht wird sitzend auf dem Hocker.
Die Arme werden plötzlich kurz
und ab und zu entfleucht ein Wort.

Im Kreise drehen sich Geschichten
von Renten und von Arztberichten.
Die Körperhaut wird äußerst faltig
und Ohren wachsen ganz gewaltig.

Begriffe werden oft vergessen
und Lust bereitet nur noch essen.
Die Enkel bleiben in der Ferne,
wer hört Geschichten fünfmal gerne.

Beworben werden tausend Mittel
von Dr. Best im weißen Kittel
und Pillen jeglicher Couleur,
die schaffen neue Jugend her.

Versicherungen schüren Sorgen:
Nun denken sie auch mal an Morgen,
damit im Alter möglich werde:
Die Yacht, die Kreuzfahrt, ein, zwei Pferde.

Doch sieht der Mensch, was wichtig ist,
wenn ihn die Altersweisheit küsst
und wenn Gewissheit ihn berührt,
dass Leben wohl zum Tode führt.

Es kommt der Punkt, zu akzeptieren,
es schließen sich die ersten Türen,
doch die sich öffnen, sind nicht schlecht,
verlangt der Körper auch sein Recht.

Gelassenheit wird neue Tugend
und Schluss ist mit der Jagd nach Jugend,
zufrieden kann der Mensch sich setzen,
muss nicht mehr durch das Leben hetzen.

Will auch das Hirn sich jung noch nennen,
der Körper wird vom Geist sich trennen.
Zurück vom Schmetterling zur Larve
spielt jeder einst auf Wolken Harfe.

Der Buchholzwurm

Ein Holzwurm und ein Bücherwurm,
die haben sich gepaart,
daraus entstand ein Exemplar
der völlig neuen Art.

Dem Buchholzwurm, der dort entstand,
dem war das Einerlei.
Der Hunger trieb das arme Tier
in eine Bücherei.

Er fraß sich durch das erste Buch,
sein Herz, das klopfte schnell,
was wahrlich auch kein Wunder war,
er fraß sich durch Mankell.

Beim Nächsten fiel ihn Liebe an,
sein Herz schlug deutlich schneller,
das Werk, durch das der Wurm sich fraß,
das kam von Frau Danella.

Gar lecker war ein bunter Band,
wenn auch ein dicker Wälzer,
vorzüglich schmeckte ihm das Buch
des Sternekochs Tim Mälzer.

Ein Bildband kam ihm vors Gebiss,
er sah die Blumen blühn,
auch Gottes Wort hat ihm geschmeckt,
erklärt von Anselm Grün.

Sehr lustig hat der Wurm gespeist,
er lachte sich fast tot,
als er Lektüre zu sich nahm
vom großen Eugen Roth.

Den Wurm traf Sanftmut und Erbarmen,
sowie das Mitleid mit den Armen,
sofort fiel ihm die Lösung ein,
das muss von Papst Franziskus sein.

Historisch hat den Wurm berührt,
warum der Mensch oft Kriege führt.
Das ging ihm nicht in seinen Kopp,
als er sich fraß durch Guido Knopp.

Dann schmeckte ihm, das fand er schade,
das Verslein von dem Kind der Made.
Das war Verwandtschaft fast gewesen,
so konnte man bei Erhardt lesen.

Nur eines ist ihm nicht bekommen
und hat die Freude ihm genommen.
Ihm wurde schlecht, ganz unverhohlen,
bei einem Buch von Dieter Bohlen.

Ob Goethe, Schiller, Hesse, Grass,
der Wurm fraß sich mit großem Spaß,
Loch hinterlassend seine Spur
durch vieler Leute Literatur.

Ein Kind, das Pippi Langstrumpf liebte
und dessen Freude Löcher trübte,
das sah den Wurm und schlug im Nu,
als er nichts ahnte, zornig zu.

So wurde Lindgren ihm zum Grab,
als er beim Seite wechseln starb,
auf Seite acht blieb nur ein Fleck,
der Buchholzwurm, der war nun weg.

Heißer Tropfen?

Die offene Hand zum Leben schützen,
lässt Hoffnungsstern am Himmel blitzen,
dient Schutz vor Elend, Krankheit, Dreck,
erfüllt den gottgewollten Zweck.
Gibst du auch wenig, denk ans Ziel:
Viel „Weniges" ergibt ein „Viel".

Engelchen und Teufelchen

In der Hölle ist es so:
Du musst und darfst nicht auf das Klo.
Du isst kein Fleisch, kriegst Schinkenwurst,
du trinkst und hast trotz trinken Durst.

Zwei Beine hat dein Stuhl statt vier,
hast Durchfall doch kein Klopapier,
den Büchern, denen fehlt der Schluss,
hast einen Frosch, doch keinen Kuss.

Musst Fahrrad fahren ohne Kette,
bekommst vom Braten nur das Fette.
Spielst du gern Fußball, gar fanatisch,
gibt man dir Bälle, die quadratisch.

In Sahnetrüffel füllt man Luft,
Parfüm verströmt dort Gülleduft,
das Geld wird nur durch Einkauf mehr,
jedoch sind alle Läden leer.

Wer Musik liebt, hat keine Ohren,
den Glühwein gibt es tief gefroren,
der Rasen wird nach Mähen länger
und Hosen nach Diäten enger.

Hast du geduscht, riechst du nach Schweiß,
dein Navi führt dich nur im Kreis,
ein Schiff kommt niemals in den Hafen,
wer müde ist, der darf nicht schlafen.

Es gibt zwar Öfen, keine Kohlen,
die Schuhe haben keine Sohlen,
man bohrt dir täglich in den Zähnen
begegnet man sich, muss man gähnen.

Fährst Porsche, sieben an der Zahl,
doch alle ohne Gaspedal.
Dort gibt es keine Hundeleinen
und Riesenspinnen mit zehn Beinen.

Die Treppen haben keine Stufen
und Schlitten sind ganz ohne Kufen.
Pro Tag, so 24 Stunden,
ertönen Geigenübungsrunden.

Das Wörtchen Liebe kennt man nicht,
ein jeder macht ein Zorngesicht.
Kurzum, die Hölle ist nicht wert,
dass man durch ihre Pforten fährt.

Bist du recht schlau, bedenke dies,
viel schöner ist das Paradies.
Tagtäglich tobt ein Kampf um jeden,
hör auf den Engel, wähle Eden.

Lottokönig

Ein Mensch, in seinem Garten sitzend,
am Tisch, bei großer Hitze schwitzend,
starrt vor sich auf ein Blatt Papier,
nimmt er die dreizehn oder vier?

Sechs Richtige will er erhaschen,
mit Geld sich füllen seine Taschen.
Mal in die Schickeria schielen,
jetzt wird er einmal Lotto spielen.

Der Frau schenkt er dann Diamanten,
verteilt sein Geld an Spekulanten,
kauft Pferde, Yacht und Sportkarossen
und auch auf Löwen wird geschossen.

Schon sieht er, wie das Glück ihm lacht,
nimmt Lottoschein, legt sich zur Nacht,
ins Bett und will ihn morgen bringen,
zum Kiosk, um sein Glück zu zwingen.

Kaum schläft er, fängt er an zu träumen,
wie Diebe seinen Safe ausräumen,
Dow-Jones mit Wucht nach unten saust,
sein Porsche in den Abgrund braust.

Die Pferde haben nichts gewonnen,
das Geld durch Partys schnell zerronnen,
auch Löwen hat er nicht getroffen,
selbst seine Yacht ist abgesoffen.

Er träumt, dass Banken zu ihm senden,
Gerichtsvollzieher, die ihn pfänden,
er sieht sich arm und obdachlos
und denkt im Schlaf: Was tat ich bloß?

Dann wird er schweißgebadet wach,
entscheidet dort im Schlafgemach,
den Lottoschein flugs zu zerreißen
und in die Tonne ihn zu schmeißen.

So kam am Morgen schon zurück,
sei kleines, aber wahres Glück.
Er freute sich letztendlich sehr:
Die Seele froh trotz Konto leer!

Burn-out

Ein Mensch, ein wirklich Hochgescheiter,
stieg auf, auf der Karriereleiter,
ging dafür manchmal über Leichen,
wer ihm nicht folgte, musste weichen.

Die Freude ging ihm bald verloren,
die Seele wurde eingefroren,
das Herz, es wurde hart wie Stein,
er stand auf Gipfeln, doch allein.

Durch Fleiß und schinden, schinden, schinden,
ließ sich Erfüllung auch nicht finden,
der Mensch hat schleichend abgebaut,
bis zum berüchtigten Burn-out.

Ein anderer führt nun sein Leben,
man muss dem Feuer Nahrung geben.
Wie schnell sind Ruhm und Geld dahin,
dann folgt die Frage nach dem Sinn.

Der Mensch, der irgendwann zu Gott fand,
lebt heute frei auf einem Eiland,
stieg ab von den Karrieresprossen,
der Leiter, die er einst genossen.

Er stellte fest, auf jener Leiter,
kam er nicht eine Stufe weitere,
weil er herausgefunden hat:
Die Leiter war ein Hamsterrad.

Am Stammtisch 2017

Am Stammtisch sitzt er und spielt Skat,
ein Bürger aus dem Wohlstandsstaat.
Den Stuhl ein wenig abgerückt,
da sonst der Tisch den Bierbrauch drückt.

„Mit diesen Händen, groß und stark,
schuf ich die Wirtschaftswundermark",
so spricht er und greift voll Elan,
das zweite Jägerschnitzel an.

Man stimmt ihm zu von vielen Seiten,
die seinem Ego Spaß bereiten.
„Es wird", so spricht der weise Mann,
„für Fremde viel zu viel getan.

Denn uns erhöht man dann die Steuern,
um unser Leben zu verteuern.
Wenn das so heftig weitergeht,
schmilzt selbst mein Aktienpaket".

Sich grämend schaut er in die Runde
und führt das nächste Bier zum Munde,
dazu ein Korn, denn der enthemmt,
zu Hasstiraden gegen „fremd".

„Der Asylant wird unterstützt,
wo man doch selbst fast nichts besitzt,
doch werde ich mitnichten
auf Golf und Pferd verzichten".

Die Stimmung und der Blutdruck steigen.
Die braunen Staatsorchester geigen.
Voll Selbstmitleid wird laut gelallt:
„Wo bleibt denn da die Staatsgewalt“?

„Kaputt malocht in meinem Leben,
um von dem Lohn nun abzugeben?
Mit mir, ihr Herren, läuft das nicht“,
so tönt es, als der Michel spricht.

„Wir sind ganz einfach zu sozial,
bald trifft auch uns die große Qual.
Die Hungersnot wird groß dann sein,
drum schnell noch ein, zwei Bierchen rein“!

So geht es Runde noch um Runde,
dann endet Thema Bürgerkunde.
Der Mob, der stolz nach Hause zieht,
grölt abgefüllt das Deutschlandlied.

Nachruf

Als wir uns damals kennen lernten,
zersprang mir fast das Herz vor Glück.
Nun blicken wir auf viele Jahre
und eine wilde Zeit zurück.

Am Anfang war ich noch der Scheue
und traute mich nicht recht heran,
du hast das schweigend hingenommen,
so fing Vertrauen langsam an.

Es waren nicht nur schöne Zeiten,
wir waren oft der Trennung nah,
doch immer waren gute Freunde
als Retter und Begleiter da.

Die kannten dich schon etwas länger
und auch die Wege, die du gingst.
Sie machten mir sehr schnell plausibel,
dass du auf jene Wege zwingst.

Du schafftest Wut in mir zu wecken,
wie nichts und niemand je zuvor,
doch durch dein Wissen und dein Können,
erschloss sich mir so manches Tor.

Wenn ich einmal nicht weiter wusste,
dann fragte ich dich ohne Scheu,
wenn alle sich von mir entfernten,
bliebst du mir still und dienstbar treu.

Heut´ morgen bist du fort gegangen,
verstummt dein Ton, der mich beglückt,
leb wohl Computer, alter Kumpel,
ein letztes Mal auf „Aus" gedrückt.

Sternen Schauer

Frau M., die liebe Frau, die gute,
sieht, für zwei Euro die Minute,
sagt man die Zukunft ganz genau,
voraus ihr, in der Astro-Show.

Das scheint ihr aber arg zu viel,
da kommt ein Werbeheft ins Spiel.
Im Horoskop kann man da lesen,
was war, kommt oder ist gewesen.

Frau M. die hat das sehr gefreut,
war gerne zum Versuch bereit
und ließ sie sich täglich nun beraten
zu Liebe, Haushalt oder Garten.

Am Montag leide ihre Haut,
hat Uranus ihr anvertraut.
Und Haare schneiden wäre gut,
nach einem Bad in Kräutersud.

Der Dienstag diene Nagelpflege
und auch der Kreislauf sei jetzt rege,
doch besser kreise er zumeist,
durch Klosterfrau Melissengeist.

Am Mittwoch sei ein Bad zu nehmen,
das helfe gut bei Fußproblemen.
Die Sterne würden zudem raten
zu Lichterketten für den Garten.

Der Donnerstag lockt zum Entschlacken
und auch als bester Tag zum Backen.
Viel Trinken wäre die Devise
und Raumduft Marke Nordseebrise.

Am Freitag träte in ihr Leben
der Mann, der Liebe will ihr geben.
So hat das Sternbild prophezeit,
Frau M. stellt schon mal Sekt bereit.

Am Samstag solle sie versuchen
aus dem Regal den Schokokuchen,
bei Wein und Teelicht, das hell brennt,
das rate ihr ihr Aszendent.

Es biete sich der Sonntag an
des Abends gut für Fit und Fun.
Denn derzeit sei im Angebot
ein Eiweißdrink und Fitnessbrot.

Die Sträucher düngen, Büsche stutzen,
das bringe Montag großes Nutzen.
Doch nachmittags, da hieß es schonen
und sich mit grünem Tee belohnen.

Ab Dienstag besser dicke Socken
sonst würden Beine kalt und trocken
und Creme für die Feuchtigkeit,
dann käme man durch kalte Zeit.

Am Mittwoch soll sie es mal wagen,
die Maske im Gesicht zu tragen,
die ihre Falten rasch entfernt,
wie sie aus der Lektüre lernt.

Das Horoskop gab alle Tage,
die Antwort auf fast jede Frage.
Ganz gratis aus der Drogerie,
dort stand, warum und wann und wie.

Ein Schelm wer Böses dabei denkt
und seinen Sinn zum Umsatz lenkt.
Denn vieles, wärmstens dort empfohlen,
war in der Drogerie zu holen.

Der liebe Gott kam mit ins Spiel,
er schuf die Sterne wohl zum Ziel,
damit in vielen tausend Jahren
die Menschen ihren Sinn erfahren.

Und welch ein Glück, zu dieser Zeit,
stand passend jener Mensch bereit.
Der Astrologe, ein Experte,
der Tag für Tag die Welt erklärte.

Es glauben Menschen an die Sterne
und lesen Horoskope gerne.
Vertraut ein Mensch jedoch auf Gott,
gilt er als geistig schnell bankrott.

Bluttransfusion

Miroslav der Schlossvampir,
nahm des Morgens kurz vor vier,
von der Stange seinen Hut,
denn er brauchte frisches Blut.

Fridolin, ein Kneipenfreund,
raucht beim Heimweg einen Joint,
jauchzt und grunzt und lacht und stöhnt,
er ist völlig zugedröhnt.

Miroslav, auf Jagd nach Beute,
trifft jedoch so früh kaum Leute.
Da sieht er im Licht der Sterne,
Fridolin in weiter Ferne.

Fridolin kann kaum noch laufen,
von dem Joint, doch auch vom Saufen,
denn des Morgens dort um vier,
wirkt zum Gras auch noch das Bier.

Miroslav gefällt das gut,
denn gleich gibt es frisches Blut.
Als das Opfer er erblickt,
bleckt er Zähne ganz entzückt.

Fridolin denkt: „Welch ein Graus,
eine Riesenfledermaus"!
Doch da ist es schon zu spät,
weil er flugs zu Boden geht.

Miroslav haut seine Zähne
in des armen Zechers Vene,
saugt zwei Liter, fällt dann um,
beide liegen dort nun stumm.

Fridolin mit wenig Blut,
Miroslav betrunken ruht.
Beide schnarchen vor sich hin,
nicht in des Vampires Sinn.

Miroslav wacht auf am Morgen,
sieht am Horizont voll Sorgen,
die Sonne geht grad auf blutrot
und ist Sekunden später tot.

Für Fridolin, der erst erwachte,
als jene Sonne fröhlich lachte,
war das nicht ganz so folgenreich,
er war halt nur ein wenig bleich.

So blieb an jenem schönen Tag,
am Ende ein verwaister Sarg
und die Vampirin weinte sehr,
denn Miroslav kam niemals mehr.

Und Fridolin, zu später Stunde,
erneut als treuer Kneipenkunde,
der fragte sich beim Trunk aus Malz,
woher die Wunde stammt am Hals!

Haarspalterei

Ein Mensch entdeckt mit Riesenschrecken,
die Größe der Geheimratsecken.
Noch dachte er, der arme Tropf,
das Haar bedecke nur den Kopf.

Doch dann bei Google eingegeben,
bekamen Haare Eigenleben.
Der User hätte nie vermutet,
dass seinem Haar die Seele blutet.

Ihm konnte das Volumen fehlen,
es musste sich mit Stress rumquälen.
Die Wurzel kann es oft nicht halten,
mal ist es quer, mal längs gespalten.

Das eine war sehr schnell ganz trocken,
beim nächsten konnte Fett andocken,
es gab auch Doping oder Dünger,
das machte Haar fit oder jünger.

Man konnte Haare gar besprechen,
zum Schutz vor splissen oder brechen.
War es zu dünn oder sensibel,
nahm Haar das Bürsten gerne übel.

Ein Mensch bei Google, nach zwei Stunden,
hat jede Menge Tipps gefunden.
Selbst Dopingmittel gab´s für Haare,
damit sie blieben viele Jahre.

Der Mensch mit den Geheimratsecken
fuhr runter den PC mit Schrecken.
Er ließ sich eine Glatze schneiden,
damit die Haare nicht mehr leiden.

Aufstehen

Es sitzt ein Mensch am frühen Morgen
und macht sich um die Zukunft Sorgen.
Wohin das alles wohl noch führt,
als er in seinem Kaffee rührt.

Was tun mit all den Asylanten,
die Armut unter den Bekannten,
der Einsamkeit so vieler Alten,
er denkt: Die Welt wird wohl erkalten.

Es sitzt ein Mensch am frühen Morgen
und macht sich um die Zukunft Sorgen.
Er sieht Probleme auch zu Hauf´,
trinkt seinen Kaffee und steht auf.

Begleitet erst, die zu uns kamen,
verteilt dann Speisen an die Armen,
besucht danach noch ein paar Leute,
denkt abends: Das war prima heute!

Zwei Menschen betten sich zur Ruh´,
sie machen ihre Augen zu.
Der Erste seufzt: Ein schlimmes Land.
Der Zweite nutzte Herz und Hand.

Kommunikationsstörung

Es spricht die Frau zu ihrem Mann:
„Stell bitte den Computer an
und schau, ob Amazon schon sandte,
das Buchgeschenk für deine Tante".

Der Mann liest gerade in der Zeitung:
Der DFB kriegt neue Leitung
und Bayern kauft den Superstar,
dasselbe Spiel wie jedes Jahr.

Die Frau ruft wieder aus der Ferne:
„Ich weiß, das machst du zwar nicht gerne,
doch gieß mir schnell einmal die Blumen
und wisch vom Küchentisch die Krumen".

Der Mann liest gerade was von Leichen,
merkt, etwas will ins Hirn sich schleichen,
legt kurz die Zeitung aus der Hand
und starrt Momente an die Wand.

„Bring noch die Wäsche in den Keller
und deck den Tisch, die tiefen Teller,
das wäre wirklich lieb von dir“,
ruft Ehefrau durch Küchentür.

Der Mann, der irgendetwas hörte,
was ihn bei der Lektüre störte,
lauscht in die Stille, ganz verstohlen,
da fällt ihm ein: Muss Bier noch holen.

Die Frau sieht, ihr vergeht das Lachen,
sie muss wohl alles selber machen.
Der Ehemann steigt in den Wagen.
Sie kennt ihn, will erst gar nicht fragen.

Der Mann, mit neuem Bier zurück,
bringt es nach unten, voller Glück
und wundert sich, versteht es nicht,
warum die Frau nicht mit ihm spricht.

Der Gutmensch

Ein Mensch, der hundert Euro hat,
fährt damit morgens in die Stadt,
will einfach durch Geschäfte laufen
und sinnfrei schöne Dinge kaufen.
Kaum biegt er in die Einkaufsmeile,
liest er an einem Stand die Zeile:
Das Rote Kreuz verkauft hier Lose!
Er steckt zwei Zehner in die Dose.
Doch leider Niete nur auf Niete,
da fragt ihn schon der Bettler Fiete:
„Hast du mal etwas Kleingeld über"?
Der Mensch schiebt einen Zehner rüber.
Wer Gutes tut, dem geht es gut.
So denkt der Mensch mit frohem Mut,
befüllt sein Seelenkonto fleißig,
gibt für den WWF gleich dreißig.
Nun hat er vierzig noch für sich,
das reicht für Kaffee, Bienenstich,
jedoch da stehen die Malteser
und schütteln ihre Spendengläser.
Der Mensch gibt noch einmal zwei Scheine,
auch zwanzig reichen ihm alleine.
Von dem, was er noch übrig hat,
wird er wohl auch noch rundum satt.
Dann ruht er kurz in der Kapelle,
stellt auf zwei Lichter auf die Schnelle.
Am Kerzenständer ist ein Schild,
das für den Kauf der Kerzen gilt:
Wir danken ihnen Recht von Herzen,
wenn sie was spenden für die Kerzen!

Der Mensch hat noch zwei Zehnerscheine,
hinein damit, weg ist der eine.
Er denkt, ein Zehner reicht mir auch,
zu füllen meinen leeren Bauch.
Kaum kommt er aus der Kirchentür,
steht dort ein Kind, fragt: „Gibst du mir,
ein wenig Geld für Milch und Brot"?
Der Zehner geht an Kind in Not.
Der Mensch fand sich nun ganz famos,
so Nächsten liebend, herzensgroß.
Mit Vorrat auf der Habenseite,
gut vorgesorgt der Seelenpleite.
Nun waren seine Taschen leer,
er merkt, ihn drückt die Blase sehr.
Er nutzt im Kaufhaus flugs das Clo,
dort sitzt ein Mann, erwartungsfroh.
Hat vor sich einen kleinen Tisch,
darauf ein Teller Münzgemisch.
Der Mensch hat nicht mehr einen Cent,
schleicht sich am Tisch vorbei und rennt.
„Du Geizhals", hört er böse Worte,
„Schmarotzer der ganz schlimmen Sorte,
behalte deine Notdurftgaben,
von dir, da will ich gar nichts haben".
Am Abend liegt der Mensch im Bett.
War er heut´ grausam oder nett?
Das Böse flüstert ihm ins Ohr:
Das war beschämend, dummer Tor!
Dann endlich dämmert er hinüber.
Da steht der Klomann, schimpft schon wieder.

So hat das, was er nachts geträumt,
sein Seelenkonto leer geräumt.
Was eigentlich sehr schade war,
denn jener Mensch hat übers Jahr,
gekauft noch manches für sein Geld,
jedoch im Internet bestellt.

Scheiterhaufen

Ein Mensch, der eitel Christ sich nennt
und morgens noch vor Liebe brennt,
stellt fest, nicht gerade zum Erheitern,
des Menschen Welt ist voller Scheitern.

Der Arbeitsweg macht keinen Spaß,
er ist so lang, der Mensch gibt Gas.
Es ist zwar sonnig, klar und hell,
doch trotzdem blitzt es plötzlich grell.

Der Mensch, der ganz verdattert ist,
merkt gerade noch, er ist doch Christ,
kann froh den ersten Sieg verbuchen,
als er verhindert laut zu fluchen.

Dann kommt er auf der Arbeit an,
steht ohne Pause seinen Mann,
nichts klappt, der Chef wird auch noch laut,
kurzum, der Tag ist schwer versaut.

Beim Heimweg, Wetter, Stimmung grau,
steht er zwei Stunden lang im Stau.
Zum Überfluss platzt noch ein Reifen,
das lässt den Mensch zum Gröbsten greifen.

Er flucht und schimpft laut vor sich hin,
nichts Gutes mehr in seinem Sinn.
Wenn ihm noch schief kommt irgendwer,
dann macht er dem das Leben schwer.

Zu Hause dann, zu später Stund´,
begrüßt ihn liebestoll der Hund.
Der wedelt glücklich mit dem Schwanz,
vollführt den reinsten Freudentanz.

Der Mensch bat Gott an diesem Abend,
bei einem Tässchen Tee sich labend:
„Herr mache mich in dieser Welt,
zu dem, für den mein Hund mich hält"!

Gott spielen

Ein süßer, klitzekleiner Hase,
sitzt, rümpfend seine Mininase,
am Straßenrand und könnte schwören:
Dort gegenüber, das sind Möhren.

Doch Autos rasen hin und her,
das stört das Häschen nicht so sehr,
weil es nicht in der Lage war,
schon zu erkennen die Gefahr.

Voll Leichtsinn hoppelt Häschen los,
die Vorsicht klein, der Hunger groß
und gibt, bei nach den Möhren streben,
rasch hin sein junges Häschenl…NEIN!

Ich fand den Hasen einfach süß,
sodass ich ihn am Leben ließ.
Ein Häschenlotse kam vorbei
und hielt die Straße für es frei.

Nun sitzt es froh im Gras und mümmelt,
ganz heil, nicht tot und nicht verstümmelt.
Das ist, was alle Schreiber lieben:
Was stört, wird einfach umgeschrieben!

Supersucher

Ein Mensch, nach langem Arbeitstag,
macht sich ein Brot mit Kräuterquark,
dazu noch Tee und Süßigkeit
und freut sich auf die Fernsehzeit.

Die erste Sendung, die er schaut,
zeigt eine Frau, die schimpft ganz laut,
auf eine junge Frau, sehr schick,
sie sei zwar schön, doch viel zu dick.

Na Gott sei Dank, denkt der Betrachter,
mich schickte sie wohl gleich zum Schlachter.
Jetzt weint das arme Mädchen gar,
es lacht der Rest der Gänseschar.

Der Mensch sitzt froh im Sofaschoß,
fühlt sich ein kleines bisschen groß,
weil er nicht ist, wie jene Armen,
die man verspottet zum Erbarmen.

So denkt er froh und schaltet weiter,
denn jetzt wird es erst richtig heiter.
Da sucht ein Bauer eine Frau
und streichelt zärtlich seine Sau.

Dabei wird er nur vorgeführt,
was jener arme Tropf nicht spürt.
Man weidet sich an seinen Schwächen
und glaubt, das würde Herzen brechen.

Ach, denkt der Mensch, ich bin ein Schlauer,
zum Glück nicht dumm wie dieser Bauer,
denn der, der findet nie sein Glück,
der Mensch wächst wiederum ein Stück.

Er greift erneut zur Fernbedienung,
zappt weiter, Strand mit leichter Dünung.
Im Hintergrund, im Dschungelwald,
Bewohner, dick, dünn, Jung und Alt.

Die Essen Würmer, streicheln Spinnen,
entblößen außen sich und innen.
Dem Mensch, dem läuft ein Ekel über,
ruft an und Kandidat hinüber.

Ein Promi aus der zweiten Reihe
bekommt die Televotingweihe
und ist für einen Tag der Held,
bei Jagd nach Ehre und nach Geld.

Nun muss der Mensch erneut entscheiden,
an welcher Show soll er sich weiden?
Doch jeder Sender muss heut´ bringen,
die Wettbewerbe übers Singen.

Als man den Sänger fertig macht
und höhnisch voller Spott verlacht,
da denkt der Mensch ganz unverhohlen:
Selbst Schuld, was geht der auch nach Bohlen?

Der Mensch wächst wiederum ein wenig
und fühlt sich anonym als König,
der besser ist als jene Kunden,
die Superstars sind für zwei Stunden.

Ein Blondchen und ein Fitnesstrainer,
bei denen spannt er im Container,
denn, wenn man selbst nach nichts mehr strebt,
bekommt man Leben vorgelebt.

Jetzt hat der Mensch doch glatt verpasst,
wie man um fremde Taillen fasst
und tanzt mit ungelenkem Schritt
und hofft, man reißt die Jury mit.

Auch Köche konnte er nicht schauen,
die Schnitzel in die Pfanne hauen
und ob es gut schmeckt oder ranzig,
doch morgen kommen wieder zwanzig.

Wer hat den schönsten Hund im Land,
die schönsten Rosen an der Wand?
Wer hat denn allergrünsten Garten,
von Flensburg bis nach Hinterzarten?

Befriedigt geht ein Mensch zu Bett,
sein Leben scheint vergleichbar nett.
Sein Selbstwert stieg in nur drei Stunden,
denn Dümmere hat man gefunden.

Bring deinen Intellekt ins Lot,
da ist ein Knopf und der ist rot.
So mancher Fernsehnutzer flucht,
denn Deutschland sucht und sucht und sucht …

Reiche Leiche

Es ist wohl so, auf dieser Welt,
der einzig wahre Gott heißt Geld.
Doch immer nur zu konsumieren
kann zum Konkurs der Seele führen.
Grundsätzlich ist ja Geld nicht schlecht,
nur die Verteilung ungerecht.
Jedoch das Jagen nach Gewinn
wird manchem schnell zum Lebenssinn.
Geld heilt nicht die Gebrochenheit,
es hilft auch nicht bei Einsamkeit,
ist nicht Ersatz für große Leere,
bringt weder Ruhm noch echte Ehre.
Hast du genug, dann giere nicht,
auch wenn dir viel ins Auge sticht.
Dann öffne lieber deine Hand
und schau über den Tellerrand.
Als Fazit bleibt von diesen Zeilen,
es glaubt ein mancher Mensch bisweilen,
dass Reichtum, Prunk und große Pracht
ihn irgendwie unsterblich macht.
Er irrt sich, denn er hat geschafft,
durch rücksichtslose Willenskraft,
in eines Friedhofs kühlem Hain,
die reichste Leiche nur zu sein.

Ballon fliegen

Zwei Menschen haben sich verkracht
und ihrem Herzen Luft gemacht.
Sie blasen sich ganz mächtig auf
und lassen ihrem Zorn den Lauf.

Wie Luftballons, prall aufgeblasen,
sieht man die beiden mächtig rasen.
Dann fliegen sie, wie ein Ballon,
laut zischend rechts und links davon.

Viel besser ist, statt böser Zoten,
den Luftballon fest zu verknoten.
Dann schwebt man aufeinander zu
und Herz und Seele geben Ruh´.

Balken im Auge

Den großen Favorit beim Laufen
sah man als Letzten furchtbar schnaufen.
Vor dem TV, total erbost,
hat laut ein Mensch dann los getost.

Die Siegesfeier war verdorben,
der Abend des Triumphs gestorben.
Der Mensch holt Bier sich schimpfend nach,
voll Zorn ob dieser großen Schmach.

Der Weg war lang, die Flaschen schwer,
es raubte ihm die Puste sehr.
Auch seine Form war nicht First-Class,
als japsend er im Sessel saß.

Ein Vater schimpft mit seinem Sohn,
im laut erzieherischem Ton,
dass er nicht immer lügen soll
und Rauchen sei wohl auch nicht toll.

Beim nächsten Stammtisch, dampfumwallt,
es laut aus seinem Munde schallt,
wie er den Staat auf´s Kreuz gelegt
und dem Finanzamt Schnippchen schlägt.

Ein Mensch erzählt der Nachbarfrau:
„Ich sah es wirklich ganz genau,
der Kleine aus dem Nachbarhaus,
riss aus dem Beet ein Blümchen raus".

Im Supermarkt stört er den Frieden
von Erbsendosenpyramiden
und flüchtet schneller als der Wind,
ins nächste Gängelabyrinth.

Ein Mensch erregte sich enorm,
ein Obdachloser trank schon Korn,
am frühen Morgen um halb sieben
und störte so den Spießerfrieden.

Der Mensch, am Abend selber blau,
trank jenes Fabrikat genau.
Im Grunde war er noch viel schlimmer,
denn war er voll, dann sang er immer.

Doch Schluss mit Balkenbeispielgeben
sonst müssten ohne Wald wir leben.
Schau nicht nur auf des Nächsten Fehler
sonst wirst du einst zum Erbsenzähler.

Naturgesetz

Am Rahmen eines Fensters
saß eine dicke Spinne,
die Fliegen in das Netz zu locken
war in ihrem Sinne.

Gleich gegenüber, hoch im Bau,
sah sie ein Vogel werken,
auch er war auf der Futtersuche,
um sich neu zu stärken.

Als erstes starb das Fliegentier
den Tod im Spinnennetz,
der Vogel fraß die Spinne auf,
so ist Naturgesetz.

Ein Kater fing den Vogel dann,
als Teil vom Mittagessen
und hat dadurch, zwar indirekt,
gleich alle drei gefressen.

Doch unachtsam, weil träge, satt,
durch seinen vollen Magen,
geriet der Kater unter Pneus
von eines Menschen Wagen.

Geschichten die das Leben schreibt,
die enden traurig meist.
Im Wind vibriert ein Spinnennetz,
ein Kunstwerk, doch verwaist …

Das Sandkorn

Ein Sandkorn, klein und kugelrund,
sehr hoch vom Wind geblasen,
fiel nach nur einem kurzen Flug
auf einen grünen Rasen.
Es fand sich einzigartig schön,
von Gottes Hand geformt,
viel schöner als die anderen,
die alle nur genormt.
Das Sandkorn, was voll Arroganz,
das nächste nicht mal grüßte,
fand durch des Windes wilden Tanz,
als neuen Sitz die Wüste.
Dort lag es und ihm wurde klar,
als eines unter vielen,
der Einzelne ist wichtig zwar,
doch soll nicht hoch sich spielen.
So geht es vielen auf der Welt,
der Schein ist mehr als Sein,
doch wenn mal die Fassade fällt,
ist man auch nur ganz klein.

Handtuch

Ein Handtuch mit der Farbe pink,
das stolz an einem Haken hing
und sich ganz einfach prima fand,
das trocknete so manche Hand.

Nach etwa einem halben Jahr,
(weil blau die neue Farbe war),
da musste es den Platz verlassen,
kam zu des Kellers Putztuchmassen.

So hing es schlaff am Küchenbord
und diente noch als Putztuch dort.
Als Scheuertuch, arg zweckentfremdet,
hat es sein Sein zerfetzt beendet.

Betrachtet man das mal bei Licht,
zeigt hier das Leben sein Gesicht.
So geht es auch im wahren Leben,
da kann der Mensch auch noch so streben.

Himmelwärts

Siehst du die Machtlust der Führer,
diesen Dämonen der Nacht?
Sie haben haltlose Menschen
zu pervertierten gemacht.

Siehst du die Hand, diese kleine,
die Vaters Hand fest umfasst?
Siehst du die Scham jenes Vaters,
der seine Ohnmacht so hasst?

Siehst du die Wölfe im Schafspelz,
sie bringen Hass in die Welt.
Siehst du sie mit ihrem Mantra:
Angst um Besitz und um Geld.

Siehst du die Tränen der Mutter,
wenn ihr die Seele zerreißt?
Siehst du sie weinend am Gitter,
das ihre Hoffnung abweist?

Siehst du die pöbelnden Menschen,
was haben sie schon getan?
Sie kamen ohne ihr Zutun
hier im Schlaraffenland an.

Siehst du die Menschen am Feuer,
aus einem Land, kriegsentweiht?
Siehst du die Endzeitpropheten,
geifernd zur Hetzjagd bereit?

Siehst du den braunen Gesellen,
Seele verkümmert und klein?
Er will durch Hass und durch Hetze,
wieder ein Herrenmensch sein.

Siehst du das Sterben der Würde
und wie Gemeinschaft zerfällt?
Siehst du die Angst vor dem Fremden
und Egoismus der Welt?

Siehst du die Menschen auf Booten,
verarmt, verjagt, auf der Flucht?
Siehst du den Blick voller Flehen,
dessen, der Schutz bei uns sucht?

Siehst du die Meister der Zwietracht,
die auf Europa ausstrahlt?
Wieder das Menschsein entwertet,
wieder die Armut, die zahlt.

Hörst du das Lachen der Kinder,
von der Bedrohung befreit?
Siehst du das Glück in den Augen,
hinter dem Schleier aus Leid?

Willst du die Zukunft verändern,
öffne die Seele, dein Herz.
Wachsen dem Herzen noch Hände,
dann wächst die Welt himmelwärts.

Ende

Ein Mensch, der gerne Verse dichtet
und lustig viele Dinge sichtet,
nimmt Abschied von der Schreiberei,
es ist genug, es ist vorbei.
So manchen Preis hat er gewonnen,
(um sich in Eitelkeit zu sonnen ;)
und Lob von kleinen Leserscharen
ist das Ergebnis aus den Jahren.
Viel Selbstkritik war in den Reimen,
doch Wahrheit auch im Allgemeinen
und schwerpunktmäßig schlug zu Buche,
die ewige Erkenntnissuche.
Ganz Vieles wurde hinterfragt,
ein Blick auf Unsinn oft gewagt,
doch immer war das Ziel dabei,
dass es beleidigend nicht sei.
Wie interessant ist auf der Erde,
die bunt gemischte Menschenherde,
doch sollte man sich ruhig mal trauen,
sich selbst im Spiegel anzuschauen.
Das Stärkste auf der Welt ist
und stoppen mörderischer Triebe,
denn Frieden wird es einzig geben,
wenn alle nach der Liebe streben.
Die Hände über Gräben reichen,
von Egoismus abzuweichen,
das nur allein bringt dieser Welt,
was letztlich wohl am meisten zählt.
Kein Mensch ist besser oder schlechter,
das Wissen macht die Welt gerechter.

Auch wer nur ans Besitzen denkt,
merkt, alles ist von Gott geschenkt.
Auch wenn wir ein Stück Erde kaufen,
um stolz darauf herumzulaufen,
dann ist das nicht des Lebens Sinn,
wie schnell ist dieses Leben hin.
Es wäre schön danach zu streben,
von Reichtum etwas abzugeben,
wir selber taten nichts daran,
wir kamen nur im Reichtum an.
Benutze immer Herz und Hände
vom Anfang bis zum Lebensende,
denn wie du rein rufst in den Wald,
so kommt es auch heraus geschallt.
Das waren meine letzten Worte,
doch nur von der gedruckten Sorte,
denn letztlich zählen nur die Taten
in Gottes schönem Erdengarten.

Der Weisheit letzter Schluss:

**Jesus wurde, was du bist,
damit du wirst, was er ist.**

Laura Wigge